ティーンズ・ボディーブック

TEENS' BODY BOOK

新装改訂版

一般社団法人
日本家族計画協会クリニック所長
北村邦夫
伊藤理佐 イラスト

中央公論新社

イラスト●伊藤理佐

装幀●中央公論新社デザイン室

●本書は、1992年に鎌倉書房より、2003年に扶桑社より刊行された『ティーンズ・ボディーブック』に加筆・修正し、「あとがき」を刷新したものです。

あなたのおっぱいや性器は何色ですか。どんな形を
していますか。いちばん最近の月経は何月何日でしたか。
トラブルはありませんでしたか。
ためらわないで答えてください。自分のからだの
大切な生命のいとなみだから。
セックスについて知りたいことは何ですか。
恥ずかしがらずに言いましょうよ。
誰もがいつか体験することだもの。
避妊や人工妊娠中絶について、正確な情報を
持ってますか。目をそらしてはダメ。
妊娠する性を持つ女性にとって、かならず必要な知識です。
STI（性感染症）やエイズのことも忘れていませんか。
怖がるだけじゃ負けてしまいます。セックスが
現実のものとなったら、誰でもかかる可能性があるんです。
たぶんみんな、まだまだ若いけど、
まだ学生かもしれないけど、
そのもっと前に、あなたは一人の女性───。
だから女性として知るべきことは、
今、きちんと、知ってください。
明日から、パートナーになる男性と一緒に生きてく、
あなたの85年の人生。
きっと自分の力で、自分を信じて、自分のために……。

ガンバレ、女のコ！

目次

プロローグ 揺れ動く思春期、君たちの世界

カナコさんのこれも…愛♡ 12

6

自分のからだを好きになろう

君のからだ、君の路線で生きるんだ 18

女のコのからだレッスン
　レッスン❶ おっぱい 22
　レッスン❷ 外性器 23
　　女のコとマスターベーション 24
　レッスン❸ 内性器 25

女のコの月経レッスン
　レッスン❶ 月経のプロセス 26
　レッスン❷ 月経の基礎知識 28
　　ドキュメント「排卵への道」 28
　　ドキュメント「月経への道」 29
　レッスン❸ ナプキン&タンポン 29
基礎体温のメカニズム 30
女のコのリズム―1カ月&1年 32

男のコの心とからだを知っておこう

大好きだけでカレの本音は見えないぜ 34

男のコのからだレッスン 36
　レッスン❶ 性器 38
　レッスン❷ 射精 42
　レッスン❸ 男のコの性欲 42
 43

悲しいけれど中絶という選択をする時がある

"失敗"をバネに人生を突き進む勇気を

妊娠かも……と思ったら 88
産婦人科に診察を受けに行く 92
人生のために自分自身の選択を 94
中絶を選択したコのために 96
中絶を乗り越えるためのAtoZ
中絶手術Q&A 100

98

●北村邦夫先生の「オープンハウス」に
　電話相談したい人
・思春期・FPホットライン
　TEL03-3235-2638
　月〜金曜日　10時〜16時
　（祭日と年末年始はお休みです）

●北村邦夫先生の「クリニック」で
　診察を受けたい人
・日本家族計画協会クリニック
　TEL03-3235-2694
　（要予約です）

レッスン❹ 男のコのメカニズム

ドキュメント「射精への道」 44
カレに教えてあげよう 男のコの疑問Q&A 44
　　　　　　　　　　　　　　　　46

失敗しないA・B・C

「嫌は嫌」「好きは好き」と言えるかい？
セックス適性テスト 52
セックスの前に読む ステップアップA・B・C 54
　　　　　　　　　　　　　　　　48

女のコが避妊の主役になろう

自分で守れ。君のからだ、君の人生
避妊知識実力テスト20 62
ドキュメント「妊娠への道」 64
避妊法、あなたならどれを選ぶ？ 66
最も確実な避妊法 ピル 68
ピルの疑問に答えるQ&A
知らないのは愚か 緊急避妊法 72
オトナの女性の避妊法 IUD 74
歴史に消えた伝説の避妊具たち 76
女のコこそ知っておきたい コンドームの基本 78
絶対に失敗しない！ コンドームの実践 80
STIからからだを守る コンドームの役目 82
カン違いが招く妊娠 女のコたちの後悔編 84
無教養が招く妊娠 精子たちの笑いもの編 86
　　　　　　　　　　　　　　　　58 70

誰だってかかる可能性のある病気
＝STIとエイズ

STIに「愛」は勝てない
STI=性感染症・防ぐ常識 110
STI=性感染症・治す対策 112
AIDS 私たち自身の問題として 114
AIDSって何？ 114
AIDSをとりまく状況 116
STIとしてのAIDS 118
HIV感染防止マニュアル 120
進化するAIDSの治療 122
AIDSと共に生きる
インタビュー パトリック・ボンマリート 124
　　　　　　　　　　　　　　　　106 124

からだのトラブル乗り切りノート

産婦人科の基本マニュアル 128
月経のトラブル編
チェック！ 月経と年齢 130
チェック！ 月経の停止 130
チェック！ 月経と周期 131
チェック！ 月経に伴う症状 132
おりもののトラブル編 134
トラブルチェック・メモ 貧血・膀胱炎 135
子宮頸がんとワクチンの話 136

エピローグ 卒業式 138
あとがき・北村邦夫 142
あとがき・伊藤理佐 143

揺れ動く思春期、君たちの世界

PROLOGUE

異性への憧れに揺れる女のコ——

「どんな好きな彼にも、すべてをささげてはいけないのですか? お互いに心の底から愛し合っていても……。たまに夜寝るときなどに、彼のことを考え、あーあ、彼に抱かれたらとか、彼もやっぱり女性のことを考えているのかなとか、いろいろなことを気にしています。もう君たちは、大人たちには見えない世界へ飛んで行ってしまったのだろうか。

学生なのに、こちらの性の方へ走ったりしてはいけないのですか……」

まだあどけなさの残っている女のコの口から、こんな大胆な発言があったら、親と言わず、大人たちはみんな驚きのために腰を抜かしてしまうかもしれない。

「最近の子どもたちは、成熟のスピードが速いから…」などと自分に言い聞かせて、何とか理解者になろうと努力するのだが、どうしても一線を超えられずにもがいている大人たち。もう君たちは、大人たちには見えない世界へ飛んで行ってしまったのだろうか。

「世代の違いは埋めようがないのよ、お母さんに私の気持ちがわかるわけないでしょう」と大人の常識に疑問を抱き、批判的に物を見るようになる君。親に依存してい

6

♥♥♥ プロローグ ♥♥♥

子どもから大人へ

 思春期の子どもたちを対象とした僕のクリニックの電話相談には年間5000件を超える相談が寄せられている。女のコは妊娠や妊娠不安、月経の異常、男のコといえばマスターベーションはいいのか悪いのか、ペニスが大きいの小さいの、包茎手術はすべきかどうかが相談内容の中心であって、これだけでおおよそ6、7割を占めるといっても言い過ぎではないんだ。十年一日のごとくといえばちょっと大げさかもしれないが、君たちの本当に知りたい情報がない、あったとしても適切なものではないために、混乱するだけって感じなのだろうか。
 この電話相談の中から、子どもから大人にまっしぐらに向かおうとしている君たちの戸惑いの姿をピックアップしてみた。

 「女のコのことが気になって仕方ない。もう、どうしていいのかわからない。やりたいことも何もかもわからない。好きなコもいないし、今こうしたいというものも

ない」（17歳男）
 「何とかしてくれ！　セックスしたいんだ」（16歳男）

 思春期といえば、自我のめざめと性のめざめが特徴。このように異性に対する関心が日に日に募っていく。何がそうさせるのかを本人は知っているわけではないんだ。からだが強く求める。「女のコが欲しい」と。ガールフレンドなんておくびにも出さずに、純愛主義者のような顔をして女性と関わっていることだってある。「オンナ」を求める。キスしたい、セックスしたい。でもそんなことはおくびにも出さない生やさしいものではなくて、理論的にははっきりしているのだ。男の人生の中で一番性欲レベルが高いのは高校生。もちろん個人差があることはいうまでもないが、17歳から18歳にピークがあるというのだ。こんな時期を境に、夢精からマスターベーションへと男のコの性行動も積極さを増していく。好きな女のコのことを思い浮かべながらの右手の青春。男のコの性のめざめだってないわけではない。女のコの性のめざめだってないわけではない。男のコのような即物的、動物的な体験よりも、精神的な高まり

た自分から脱出して、精神的な自立への道を歩み始めた君。性にめざめ、異性に憧れて胸をこがし、ライバル心をあらわにする君。少女から大人への移行期に体験する自然な姿だ。でも、どんなに抵抗しようと、大声を張り上げようと、突っ張ってみても、君は僕たちと

同じ地球人。これだけは変えようがない。だから時々は、苦々しく思う大人の叫びにも、ちょっと耳を傾けておくれ。「今どきの女のコ」への戸惑いの言葉に……。

を要求するという点が、男のコとの大きな違いのようだ。「セックスしようぜ」と迫ってくる男のコに、目をまん丸にして、「何いってるのよ、私たちなんてまだ会ったばかりじゃない、と戸惑いをぶつける。男のコにとってみれば、「愛に時間はいらない」と言いたいのだ。妊娠という重大事件に巻き込まれかねない女のコは、そうはいっても、防衛本能が働いて、「私なんてさ、あなたのそばにいたいだけなの。どうしてそれじゃいけないの」と抵抗するのだが、男のコと女のコの性意識の違いは歴然としている。

「胸とか触っていると、ときどきボーッとしてくることがあって…(17歳女)」

何気ない体験が、女のコの性に対する関心を急激に高めることがある。これだって男のコだけの特権ではない。マスターベーションは決して男のコだけの特権ではない。自立したオンナをめざす第一歩は、自分をよりよく知ることであって、それは性にとどまらないことだけど、性に負けず劣らない姿勢も大事。だから、女のコも、男のコに特別視しない姿勢も大事。だから、女のコも、男のコに負けず劣らず、もっともっと自分のからだを知るための探険の旅に出るべきだと思う。

自我のめざめというのは、自分自身で考え行動することから始まる。

今までといえば、親の言いなりになっていた君が、従属している自分に嫌気がさし、時には乱暴な言葉をぶつ

けたりする。「うるせーな、くそババー」なんて、母親の誰が期待していたろう。生まれたときからねんごろに育てて、病に伏した夜は、自分の疲れをも忘れて、水枕の氷水を何度も取り替えていた日々。持てる愛情のすべてをわが子に向けて満足していた日々。しかし、人間の成長はあまりにも非情だ。君たちはやがて親の世界を離れて、一人旅の準備を始める。

「お父さんの顔を見るだけで嫌なんです。とても不潔な感じがして（16歳女）」

自我のめざめは、世の中の矛盾にも気づかせることになる。大人のずるさや嫌らしさが見えてきて、正義感に溢れる君たちにはそういう姿勢がどうしても許せなくなる。権威主義に対する憤り。幼い時から親に教えられてきた道徳的な生き方に反発したり、たわいもないことに無性に腹が立ったりする。そうかと思うと、幼な子のように、親に甘えてみたりと支離滅裂の世界。死を意識するのも、この頃からだ。

「頭の中に『死ね』という言葉が何回も繰り返して聞こえてきて…。何していても聞こえてきて…『死ね』『死ね』と（17歳男）」

自殺願望。躍動的に生きているからこそ、その反対の世界に憧れるのだ。まだ見たことのない世界への関心が広がるのだ。死というものを何か崇高なものと考え、自

8

♥♥♥ プロローグ ♥♥♥

分自身が消滅することが恐れの対象とはならずに、むしろ甘美なものにみえてくる。自我のめざめによって知った不浄な現実からの逃避が死へと向かわせることもあろう。だから「死にたい死にたい」と口癖のように言い続ける。その一方で、現実逃避は卑怯だと自分自身を戒めることも忘れない。

「とても神経質で、対人恐怖もあって（18歳男）」
「昔ね、嫌なことがあって、それを思い出すだけで何も手につかない。中学時代だったんです。友達とのこと……。それを考えただけでお腹がキュッと痛くなるんです。生理痛とは違うんですよ（16歳女）」

自分が見えてくるということは、他人の存在を強く実感することにもなる。人と自分との対比の中で、自分の良さや醜さに気づくだけでなく、自分の中にない他人の魅力に異常にひかれていく。時には自分にとってかけえのない存在を失いたくない想いが募り解け合って一体化してしまうこともある。だから、大人たちには解せない少女たちの後追い自殺などが目立つ。他人である友人のことがすごく気になって、友人から傷つけられたことか。

を嘆き悲しみ、裏切られたと感じると怒り狂う。時には、同性に対して激しいライバル意識を駆り立てられ、一瞬にして二人の関係は崩れるという脆さもある。

容姿へのこだわりも強い。臭いに対して敏感になり、朝シャンに代表されるように、清潔に異常に執着する。美しさに対する憧れは、やがて外見だけでなく、内面的なものへと向けられ、自分の性格分析をして揺れる。

「胸がね、友達に比べて小さくて。できればきちんとAカップを付けたいんですけど（16歳女）」
「腋臭が気になって、気になって……（17歳女）」

これが揺れ動く思春期、君たちの世界。でも同じ色で彩られた思春期なんて、まっぴら御免だ。君たち自身の目で、耳で、足で、手で、からだで、心で、未来に広がる可能性を探していくのだ。現実と理想のギャップに苦悩しながらも、あえて闘いを挑み、力強く生きていって欲しい。だからというわけではないが、僕の目にした君たちの世代の「悲劇」の姿を2、3紹介させてくれないか。

痩せにこだわる女のコたち

僕のクリニックを訪れる高校生の半数近くが、月経がなくなってしまったんだといったら驚くだろうね。体重減少性無月経。誰に惑わされたのかは知らないけれど、高校生になった頃からのダイエット。あげくが無月経。

君たちの世代の女のコといえば、個人差があるけれども、からだが丸みを帯びて柔らかな感じになっていく。中には、その成長に伴う変化を「太った？」と誤解しちゃう女のコがいるんだ。痩せたいと願う君たちの気持ち

9

も理解できないわけではない。「痩せていることが美しいこと」という情報をたれ流しているテレビやファッション雑誌。君たちにとっての数少ない情報源が、そう見せつけ、書きたてるのだから、惑わされない方がどうかしている。でも、辛いことだろうね。食べたい欲求を抑え、豪奢なフードモデルの並ぶレストランの前を、生唾（なまつば）を飲み込んで耐え抜く。「君は偉い」なんて、口走りたくなってしまうよ。

日本女性総痩身願望。奇妙だとは思わないかい？　企画化されたような女性の体型。没個性の人形たち。いったい女性の美しさって何なんだろう。「美しさ」の評価は、必ずしも固定化されているわけではない。時代によっても違う。あのルノアールの絵。豊満な女性像。レオナルド・ダビンチの描いたモナリザの微笑み、豊かなバスト、ウェスト、ヒップ。僕には、痩せていることは美しいことという情報操作をしている仕掛人がいるような気がしてならない。痩身美人を歌手としてテレビに登場させる。そのタレントを売り込むために、繰り返すコマーシャル。タレントグッズ。ヘアスタイル。ファッション雑誌片手に通いつめるエステティック。メディアがこれでもかこれでもかと流し続ける情報に、批判能力を持ち得ない君たちが躍らされていく。メディア製造女性の姿に憧れて君たちが壊されていく。

妊娠におびえる女のコ

18歳、高校3年生。25歳の社会人と付き合い始めて3カ月。そんな女のコからの開口一番の言葉。

「31日目までは待ってるんです。でもその日を一日でも過ぎると、もう居ても立ってもいられないのです」

居ても立ってもいられなくなると、決まって薬局に走るのだという。妊娠判定薬でのチェックが毎月のお勤めになっていた。しかしマイナスに出たとしても、心は休まらない。月経は排卵の結果であり、排卵は遅れることがあるという常識はないわけではないが、「もしかして、検査方法に問題が？　検査薬が古いのでは？」と悩んでしまう。

彼はコンドームをきちんと使える男性だったという。彼女が高校生だという立場を十分理解して、「君を困らせるようなことはしない」と声を掛けてくれるのだけれど、予定月経の頃になると彼女の心は一度たりとも晴れたことがない。

「君はさ、本当にセックスしたいのか」という僕からの厳しい問いに、彼女はうつむきながら首を横に振った。

「これまで一度もセックスしたいと思ったことはない。まだ高校生だし、妊娠なんかしたら親に合わせる顔がないし……」と。それでも彼女は、彼の求めを受け入れ続けている。「そうしていなかったら、彼が自分から離れて行ってしまうのではないかと心配で……」

少女から大人への変身を遂げようと、今躍起になっている君に、決してはまって欲しくない落とし穴がある。望まない妊娠とSTI（性感染症）。

♥♥♥ プロローグ ♥♥♥

私の話をまじめに聞いてくれる人

性風俗は、今や決して男だけのものではなくなってきている。出会い系サイトや、SNSなどが、女のコたちにとって格好の遊びの対象となっているようだ。出会い系サイトで待ち続ける男など、下心があるからか、応対の巧みさは、なまなかではない。女のコの話にじっくりと耳を傾け、受容する大人のイメージを植え付けている。あわよくば若い性を自分のものにできるかもしれない期待感もあって、言葉巧みに誘いかけてくるのだ。そもそも出会い系サイトは自由恋愛の場であることを謳い文句にスタートした風俗であり、手持ち無沙汰の女のコと異性との接触を切望する男性とがうまくかかわり合えるチャンスを提供している。

高校2年生の女のコの場合もそうだった。誘われるままにホテルへ直行。時に流されてのセックス。それから数日後、激しい外陰部の痒みが彼女を襲った。おりものの量も尋常ではなかった。受診。カンジダ外陰炎、腟炎の巣だ。不特定な人とのセックスにコンドームの使用を気遣う男性はいない。妊娠なんてどこ吹く風とばかり、手当たり次第にセックスの相手を広げていくのだ。そうなって心もからだもボロボロになったはずの女のコに、僕が父親の一面を見せた時だ。
「これからは出会い系サイトなんていう、馬鹿な真似は

── 一切止めろ」

彼女は首を縦には振らなかっただけでなく、こう言い放った。
「出会い系サイトは止められない。だって、私の話をまじめに受け止めてくれる大人はここにしか、いないから…」

彼女には両親も、兄弟も、学校の友達も、先生もいるのだ。
「私のことなんかきっとわかってもらえない」「私なんてさ、偏差値が低いものだから、ちょっと髪を染めたくらいで、先生からひどく叱られるんです。でも、偏差値の高いコが、ピアスを付けていようが、授業中騒いでいようが、見て見ぬ振りをするんだ」と。

だからといって、不特定多数の異性とのセックスを期待しているこのような男性に走ることはないのじゃないか。君の喜びや辛さを分かちあえる友人探しにもっと精力を傾けて欲しい。先生だって親だって捨てたものではない。「私のことなんかきっとわかってもらえない」というように、先入観で大人に向かうのではなく、むしろ従来の常識を覆すぐらいの勢いでもって、自分が飛び込んでいく勇気をもてたら、事態は大きく変わるかもしれない。

人を変えようと考えるよりも、自分が変わろう。人にして欲しいと思うことを、自分もその通りにしよう。そしたら、きっと君の本当の意味での理解者との巡り会いがあるに違いない。

そんなある日のこと——

妊娠?

にっ

バカッ

……こないのアレ

だってヒニンしてくれてたんでしょ?

つけない日とかあったみたいで私もイチイチ確かめないし…

そ そんな

……ちゃんと彼は知ってるの?

うん

♥♥♥これも……愛♥♥♥

その日は
大きく
見えました

いつも
たよりない
ツヨシが

自分のからだを好きになろう

MY BODY

君のからだ、君の路線で生きるんだ

「一重瞼が嫌だったんです」

「一重瞼が嫌だったんです」と泣きつかれた時には困ってしまった。女のコのファッション雑誌なんかに出てくるモデルさんというのは、二重瞼が多いからとこだわるのだ。高校3年生のそのコは、卒業の記念に二重瞼の手術をしたいと、父親に頼み込んで、美容形成外科医を訪れたのだ。手術後の顔を見るのを楽しみにしていた彼女だったが、鏡に向かって愕然。「ウッソ！ こんな顔信じられない」と。慌てた彼女は、二度目の手術を受けることになった。でも、二度の手術で瞼はゴワゴワし、ちょっと目手術をしたことがわかってしまう状態だった。そのため、手術前には活発だった彼女は、内向的になり、人と面と向かって話すことすらできなくなってしまったという。

●●● 女のコのからだ ●●●

Aカップのブラジャーをきちんとつけたい

21歳の女性が母親同伴でやって来た。
「先生、私が妊娠中に病気をして薬を飲んでしまったのがいけなかったのでしょうか」
最初のうちは意味不明の言葉も、やがて「娘のおっぱいが小さいのは、母親の責任なのでは」と訴えていることがわかった。悲愴な顔をしている母親に向かって、非情にも「お母さんの胸も小さめですね」と声を掛けていた。
「薬を飲むなりして、おっぱいを大きくする方法はありませんか」と執拗に求める言葉を遮(さえぎ)りながら、「小さい胸に、何か支障があるの？」と尋ねてみた時だ。女のコ（といっても既に20歳を超えているのだが）がぽつりと、「Aカップのブラジャーをきちんとつけたい」と。
実はAとBとCの区別もつかない僕にとっては、何と説明していいものやら困っていたが、こんな時は、診察に限るとばかり、「胸を開けて」と促した。
男のコたちがペニスの大きさにこだわるように、女のコの乳房へのこだわりは尋常ではない。でかいことは本当にいいことなのか（でかいために悩んでいる女のコも少なくないが）、その理由は？　何のために？　でかいことが女のコの魅力の象徴とでも思っているのか？
僕たちが乳房の診察をする際に診るのは、乳房の大きさと形、乳輪（円状の黒褐色の部分）と乳腺の大きさ、乳輪と乳房のラインがどうなっているかだ。成人型の乳房かどうかは、ブラジャーのタイプや乳房の張り具合で決めるものではない。乳腺が乳輪を超えて発達していること、乳腺と乳房の連続する線に段差がなくなっていること。これだけ。もちろん、僕の目の前の女のコも立派な成人型だった。「心配ないよ、異常なし」と宣言したが、「そうはいっても何かいい方法が…」と迫ってきた。
「高い金を払って豊胸手術でもするかい？」
「薬を飲んでというのはできないのですか？」
「僕には経験がないよ。ブラジャーの中にパット入れるとか…、妊娠するとか…乳房の大きさのピークは、出産直前っていうのだから」
「でも、そんな相手いないし…」
結局、最後まで母娘を納得させることはできなかった。

「私のアソコ、グチャグチャなんです」

高校3年生だった。診察室に入るなり、涙声でしゃくりあげていた。「泣いていたってわからないよ、どうしたの」という僕の声に応えたのが冒頭の言葉。性器の名称をきちんと語れないのは情けないが（だって、男のコだったら、ペニス、おちんちん、チンポコ、キンタマ、息子などと愛称のオンパレードなんだから。君はどう表現できる？）、「どういう形であったら、納得できるの」という問いに、彼女は小学校6年生の時の修学旅行先の風呂場で見たという友人の性器を描き始めた。真正面からみたという、その図には、綺麗なワレメちゃんが描かれて

いた。「今の君の状態は?」に、「ここがグチャグチャ」と深刻な表情をするのだ。脳味噌の皺みたいな形と色をしていて気持ち悪いとも言い切った。

そうはいっても、彼女を誉めてあげたいことがひとつある。それは、自分の性器を鏡を使って観察したという勇気。これを勇気というほど、日本の女のコたちにはできないことらしい。男のコは性器の愛称をたくさんもっているように、日頃トイレで、マスターベーションの時に慣れ親しんでいる性器も、女のコにとっては特別なものらしい。彼女が初めて自分の性器を鏡を使って覗き見したのが高校1年生の時。その時のショックが、3年間も尾を引いているのだ。

アメリカの学校ではGSE（Genital Self Examination・性器自己検診法）教育が盛んだという。エイズを含めたSTI（性感染症）が流行しているが、STIの早期発見にはこのGSEがきわめて有効なのだ。STI

自分のありのままを好きになろう

「せっかちで」「愚図で」と自分の性格を嫌うコがいるが、ちょっと待てよといいたい。「そういう性格、いつ頃からのもの?」

きっと「幼稚園生の時もそうだった」というような回答が返ってくるのではないだろうか。そんなコには、「直そうなんて悩まないで、その路線で生きちゃいなさい」と突っぱねることにしている。

ちょっとクドイ話になるけれど耳を傾けて欲しい。目の前の紙に正方形を書くこと。これが自分自身だ。4つ

を引き受けた時に、自分の性器の異常に早く気づき、治療に向かえるかどうかが鍵をしている今、自分の性器の色、形、おりものの状態を知る必要があるのだ。

診察の結果、異常ではなかった。脳味噌の皺のようでしかなかった。陰毛も生えているために、多少複雑な顔をした器官だと見えたのだろう。それにしても、二次性徴に伴う生理的な変化を、数カ年にもわたって、「異常だ」と不安に駆られていた女のコのことを誰に責めることができようか。学校での指導が、もっと積極的に行われていればと悔やまれて仕方なかった。あらためて言いたい。多少ともグロテスクに見える君の性器ではあるかもしれないが、性器は君のからだの一部だ。性器を含めて自分だってことを忘れないように。

の角が、気になる欠点。どうしたい? 直したい? 直すことは簡単。角を取ってしまえばOK。正方形に内接する円を描いてみよう。思い通りになったかい、君の性格。じっくりと見てご覧、円の大きさ。小さくなったことがわかるだろう。欠点を取り除くという目的を達成したものの、人間としてのスケールが小さくなってしまうのだ。一辺が10センチの正方形の面積は100平方センチ、内接円の面積は半径5センチで約75平方センチ、差し引き25%近くの減少。

●●● 女のコのからだ ●●●

二重瞼も、足の長さも、顔形も、みんな親の素質を受け継いだもので、自分では選択することができなかったものだ。ただ、このような先天的な持ち物に不平不満をぶっつけたところで、問題の解決にはならないことを知るべきだ。二重瞼だとか、おっぱいがでかいとかは確かに君のチャームポイントの一つに数えられるかも知れないが、だからといって、その人の魅力のすべてを代表するものとはいえない。人間の魅力はからだの内、外両面から醸し出されるものであり、気負うことなく自分のありのままの姿を、自然に表現できたときに感じとれるものなのだから。

今度は「自分の欠点を含めて自分」だという目でみつめ直してみるのだ。正方形に外接する円を描くのだ。見てご覧、大きくなった自分のスケール。外接円の面積を求めるのは少しばかり難しいけれど、半径が平方根50の円ということになる。その結果、面積は約150平方センチ。外接円の面積は内接円の2倍。こうやって、自分の性格を再検討。意外な事実に気づくはずだ。せっかちな自分の欠点、見方を変えれば決断力があるから、次から次へと行動に移せるという長所なのかもしれない。愚図もそう、思慮深さと裏腹。じっくり考え込むタイプと思えたら、自分の性格が楽しくならないか？ ちょっとこじつけが過ぎるかな？

ヒトエマブタも
まぁるいホッペも
けっこー
カワイイじゃん
かがみ

女のコのからだレッスン

女のコのからだは、思春期を迎えると、オトナになるためのたくさんのサインを出します。様々な女性ホルモンと少しの男性ホルモン（男らしいからだを作るのに役立つホルモンですが、女性のからだでも分泌されています）が絶妙のバランスで働き始めるからです。最初のサインはおっぱいのカワイイふくらみ。およそ10歳前後のことです。この時から

わからないコといっぱい…

どーなってるの？

約10年かけて女性として成長していきます。将来迎える妊娠・出産はとても大変な仕事なので、その準備には長い時間が必要なのです。おっぱいがふくらむと共に、からだ全体にも皮下脂肪（ひかしぼう）がついて、まあるくなります。これが妊娠・出産に備えるパワーのもと。今カリカリやせてたら、20代、30代の女ざかりが乗り切れません。そして脇の下や下腹部に性

毛が生え始め、手脚、顔のウブ毛も濃くなります。皮脂腺（ひしせん）や汗腺（かんせん）の新陳代謝も活発になるので、体臭が気になるコもいるでしょう。でも、命が育つ時には、命の匂いがするものです。あなたのからだが日夜、ガンバっている証です。

●●● 女のコのからだ ●●●

おっぱい……大きくても小さくても中身はいっしょ

乳首（乳頭・乳輪）がプクンとふくらみ、色づいて、乳房全体がふっくらしてきます。内側では乳腺が発達を始め、乳腺を守るために皮下脂肪がつきます。どれも、赤ちゃんに母乳をあげるための準備です。

でも、おっぱいが大きいから母乳がいっぱい出るかというと、別に関係なくて、それはいろいろ。いずれ赤ちゃんと相談して考えればいいことです。だから今、大きさ、形、あれこれに注文をつけるのは無意味です。左右で大きさが違ったってかまいません。おっぱいはブラジャーを乗っけるお飾りではないのです。

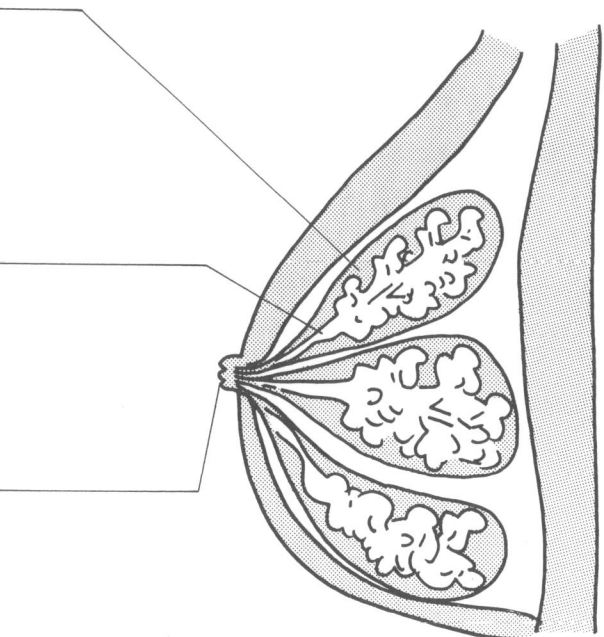

おっぱいを タテに割ったら

乳腺（にゅうせん）
母乳を作るところ。ちょうどブドウのふさのような恰好をしてて、おっぱい一つにつき、7～8個入ってる。母親の食べた物によって、母乳の味も変わるんだそうだ。赤ちゃんを産んだら試飲してみよう。

乳管（にゅうかん）
乳腺でできた母乳の通り道で、乳頭につながってる。つまり乳頭には7～8個の穴があるワケで、母乳は四方八方に飛ぶ、飛び散る、というカンジで出て来る。

乳頭（にゅうとう）
母乳を飲むために赤ちゃんが吸いつくところ。赤ちゃんが吸いつくほど、乳腺ははりきって母乳を作る。赤ちゃんも吸いつきながら栄養をとり、同時にアゴの骨や筋肉を鍛えている。人間は哺乳類だぜ。

乳頭バージョン 4タイプ
扁平乳頭 / 正常 / 陥没乳頭 / 裂状乳頭

おっぱいそのものもだけど、特に乳頭の色、形、大きさのバラエティーはすごい。顔よりずっと個性的だ。ぺたんこだったり、ぽこんとへこんでたり、亀裂でだんだんがあったりする人もいる。この場合は母乳があげにくいから、妊娠したら医師に相談しておこう。

でも、おっぱいの所有権はあくまであなた自身にある。男のコに発言する権利はない。

LESSON 2

外性器………鏡に映して見てみよう

外性器(がいせいき)が発達するのも思春期の大切な特徴です。ヘアが生えるころから、恥丘も大陰唇も皮下脂肪がついて、ふっくらと丸くなります。そっと開げてみると、内側は口の中と同じデリケートな粘膜で、色はたいがいレッド系。包皮(ほうひ)に包まれたクリトリスも、ひだひだの小陰唇(しょういんしん)も、ぐんと色が濃くなりボリュームがでてきます。

鏡に映してみると結構な迫力で、初めて見るコは焦るかもしれません。でも、ここがサクラの花びらみたいにヤワだったら、赤ちゃんを産んだ時にこわれます。女性の性器は逞(たくま)しく、豊かなものなのです。

お風呂に入ったら優しく洗ってあげてください。お風呂上がりには必ず鏡に映して、仲良しになってください。あなたの髪や素肌と同じように大切で、かけがえのないからだの一部。そして髪や素肌より、あなたに多くのことを教えてくれます。日陰ものにしておくなんて、カワイソウすぎると思いませんか？

大陰唇(だいいんしん)
恥丘の下の、左右に分れた部分で、やっぱりヘアが生えている。外性器を保護するため皮下脂肪がたっぷり。内側は粘膜組織で、デリケート。

尿道口(にょうどうこう)
オシッコの出口

処女膜(しょじょまく)
腟口を覆うひらひら。小さめの穴があいていて、さもなきゃ経血は出られないし、タンポンも入らない。激しいスポーツやセックスで破れて、出血したりしなかったりするけど、それは処女膜の勝手というもの。いちいちありがたがるような男は、海の底に沈んでおしまい。

●●● 女のコのからだ ●●●

恥丘

おなかの下のアンダーヘアの生えてるあたり。ふっくらしてるから丘。恥ずかしくないけど恥丘。

陰毛

恥丘に生えてるウエービィヘア。人工芝とは違うから、ほよほよからわさわさまで、量も分布も人と同じってことはない。髪の毛より早く生え変わるので、枝毛、切れ毛はめったになく、トリートメントはいらないと思う。

クリトリス

医学書に「陰核ともいう。陰茎海綿体で構成され、性的興奮に伴い勃起する」と書いてあった。なんかすごい。包皮に大事に包まれてて、確かに思いっきりデリケート。男のコのペニスに当たる部分で、ペニス同様、色も大きさも人によって随分違う。

小陰唇

大陰唇の内側の2枚のひだひだ。色が黒い、茶色い。しわしわ、よれよれ、でれでれ長い、でぶ、左右がばらばら……と、自分のからだなのにやたら文句を言われるカワイソウなところ。でも、誰だってこんなものだぜ。口の中だって、どアップで見れば結構キツいぜ。

会陰

大、小陰唇がくっつくあたりから、肛門の間の部分。名前を付けるほどの意味があるの？と思うが実はあるんで、赤ちゃんを産む時に、柔らかーく伸びて、産道（腟）が傷つくのを守ってくれる。女のコのからだに無駄はない。

腟口

腟の出入り口

肛門

ウンコの出口。見てのとおり腟口や尿道口とかなり近いから、この周辺の大腸菌が入らないよう、トイレでは「前から後ろ」に拭くのが女の常識。

女のコとマスターベーション

マスターベーションが男のコの必修科目なら、女のコには選択科目といえます。絶対にやれ、とはいいませんが、やって損はありません。自分のからだと仲良しになるための、とってもよい方法です。月経の手当てをしたり、性器やおりものの元気具合を確かめたりなど、自分の"性"を理解するのに役立つようにも、自分の"性"を知る手掛かりになります。性欲があるのは、女性にとってもしごく健康な証拠です。当然その気持ちを、からだの上に確かめたくなります。その時は、素直に受け止めていい。受け止めていい。

マスターベーションをすると、すごくリラックスできるし、性的に昂（たかぶ）った気持ちもコントロールできるし、空想の世界を持つことは、ストレスの解消にだっても◎。若い女のコだけでなく、もっと年上の、パートナーのいる女性でも、時々はこんな一人の時を過ごしています。

それをパートナーに上手に伝えることができると、相手のことも理解しやすいでしょう。

マスターベーションがからだに悪いというのは、すごく古い迷信です。性器の色や形が変わるとか、成績が下がるとか、人相が悪くなるとかもちろんみんな大嘘です。回数もどうぞ、あなたのご自由に。

自分のセクシュアリティは自分で大事に育んでいくものです。自分の性と親しむことをためらわないでください。

それに、マスターベーションをとおして、自分の心やからだの好みを知っておけば、将来セックスの場で、

LESSON 内性器…………女性ってエライ！

おなかの中に大事にしまわれているのが、内性器。膣、子宮、卵管、卵巣です。まさに発展途上で、目で見ることはできないけど、名前だけはちゃんと覚えてあげましょう。

膣・膣は内性器の入り口。指をそっと入れて、その暖かさと、ひだになってる柔らかい感触を自分で確かめてください。ここから経血やおりものが出てきます。手当のためにタンポンを入れることがあります。セックスの時には男のコのペニスを迎え入れます。そして出産の時は赤ちゃんの通る産道になります。

子宮・子宮はその名のとおり、妊娠して、赤ちゃんの育つお部屋。洋ナシみたいな形で骨盤の中に大切に守られています。

卵管・子宮から左右に伸びていて、卵巣から飛び出した卵子を迎え入れます。卵子と精子のツーショット♡受精の場所でもあります。

卵巣・最も神秘的です。一見ウズラの卵風。左右に2つあって、思春期からセッセと女性ホルモンを分泌し、女らしいからだ作りにはげみます。いわば女の元締めです。また、卵子のモト＝原子卵胞がヤマほどつまってて、卵子のモト＝原子卵胞がヤマほどつまってて、

内性器

ココ♡

卵管
　長さ8〜10cm。先端はラッパのように開いてて（卵管采）、卵巣から飛び出した卵子をおいでおいでする。卵管の内側には細い毛が生えてて、この毛がさわさわ卵子や受精卵を子宮に送り込む。

子宮
　長さ8〜9cm、厚さ1〜3cm、重さ50g。赤ちゃんの子宮は2gだから、いかによく育ったかが分かる。さらに妊娠の最後の頃は30cmに膨張！　尊敬に値する。

卵巣
　女性の性の元締め。（男性の性の元締めは精巣＝たまたま）。医学的には性腺＝性ホルモンを分泌するところ、と呼ばれる。

膣
　長さ7〜8cm。砂時計を横にしたような形で、普段はペチャンコに閉じているが、とてもストレッチ性がある。なお、ビデでじゃぶじゃぶ洗うと、せっかくのデーデルライン桿菌が流れて自浄作用が落ちるので、逆効果。

●●● 女のコのからだ ●●●

卵子が成長すると左右交代で一個ずつ、定期的に排卵します（→P.29）。

おりもの・初経がおこる頃から、おりものの分泌も始まります。おりものには涙と同じように、からだを守る自浄作用があります。デーデルライン桿菌という善玉菌がいっぱいいて、悪玉のいろいろなバイキンをやっつけ、内性器を感染症から守るのです。女のコの当然の、かつありがたい生理ですから、ショーツがヨゴれてイヤだ、などと言わないように。

正常なおりものは、白っぽく半透明で、ショーツにつくと、黄みがかかり、なんとなく甘酸っぱい匂いがします。体調を崩し、女性ホルモンのバランスが悪くなると、おりものの分泌も悪くなって、腟や外陰部に炎症を起こしたりします（→P.110）。STI（性感染症→P.134）などの病気になると、とたんに色や臭いが変わります。だから外性器のチェックと共に、おりもののチェックも怠らないこと。

性器に羞恥心を持って、見て見ぬふりをするのは、どーも日本の女性の悪いクセです。女のコの心とからだの健康は、思春期からあと死ぬまで、性器と女性ホルモンのガンバリ次第で決まります。かけがえのない自分のからだ。隅から隅まで愛情を！

内性器

直腸

肛門

膀胱

恥骨

LESSON 月経のプロセス

女のコの月経レッスン

定義・周期的に繰り返され、かつ限られた日数で自然に終わる子宮からの出血。

初経・平均で12・5歳（月経がまだ→P.130）。

周期・月経の初日から、つぎの月経の前日までの期間です。25〜38日を正常の範囲とします。思春期ではもうすこしズレても正常です（月経が不順→P.130）。また個人でも、毎回周期が違うのが普通です。

量・どうやって計ったのか、一回の月経で22〜120gと個人差が大きかったそうです。これには子宮内膜の組織や分泌物も含まれ、血液だけならもっと少なくなります（過多及び過少月経P.129）。

目的・ずばり妊娠準備です。

メカニズム・月経の前には基本的に排卵があります。排卵は卵巣の中の原始卵胞（卵子のモト）が女性ホルモンの働きで成長し、ポンと飛び出すことです。この卵子は、卵管で男のコの精子と出会って受精卵になると、子宮に入り、子宮内膜にもぐりこんで、大きくなります。これが妊娠です。子宮内膜はそれに備えて、排卵の時期には、ふかふかのベッドみたいに厚くなっています。

しかし卵子が受精しなかった時は、この子宮内膜はいりません。とっておいても古くなるので、毎回捨ててしまいます。それが月経です。子宮の中の酵素で溶かされた子宮内膜が、血液に混ざって出て来るのです。

卵子の成長→排卵→子宮内膜ふかふか→卵子の死去→子宮内膜不要→月経

思春期を迎えて、からだが女らしく成長し、月経が始まるまでには、こんなにたくさんのことがあったのです。ホルモンも一つではなく、大脳の下の、脳下垂体から出る性腺刺激ホルモン（卵胞刺激ホルモン、黄体形成ホルモン）と、卵巣から出る女性ホルモン（卵胞ホルモン、黄体ホルモン）が複雑にからみあって、排卵や月経を促します。

月経を通して常に自分のからだと向かい合うことができる、というのは女のコの特権きちんとチェックして、「卵巣は快調、子宮も元気」と、毎月応援してください。おなかが痛い、からだがだるい、イライラする。そんな月経にともなうトラブルも、上手に乗り切ることができます（月経の悩みP.132）。そしてパートナーと避妊について話し合うためにも、将来迎える妊娠・出産のためにも、必ずあなたの役に立つことです。

女のコのホルモンの流れ

黄体形成ホルモン　卵胞刺激ホルモン
大脳
視床下部
脳へ
脳下垂体
卵巣へ
子宮へ
卵巣
黄体ホルモン　卵胞ホルモン

•••女のコのからだ•••

LESSON 2 月経の基礎知識

ドキュメント「排卵への道」

❶プロフィール

名前・卵子
大きさ・直径0.2〜0.25mmの丸型。
色・淡いコーラルピンク？
というワケで、私は23個の染色体を持つ♀側の生殖細胞、つまり人間の赤ちゃんのモトの片割れ。精子サマと出会って受精卵となることを生きがいに生まれてきました。

❷眠りの時

女のコは赤ちゃんの時から、その卵巣の中に、私たち卵子の、さらにタマゴ＝「原始卵胞」を約40万個もかかえています。でもこの頃は開店休業です。

❸目覚めの時

思春期を迎え、平均で12・5歳になると脳の中の視床下部が働いて、そのすぐ下の脳下垂体が「卵胞刺激ホルモン」を分泌します。ちなみに視床下部は呼吸、循環、内分泌、消化などを司る脳の総司令部でエライのです。

❹すくすく育て

卵胞刺激ホルモンは、赤ちゃん時代の私のお守り役。卵巣にやって来ると40数万の原始卵胞からとりあえず私を一人選び出し、一人前の「成熟卵胞」に育ててくれます。だいたい2週間ぐらいかかります。もっと正確に言うと私・卵子は成熟した卵胞に包まれてるってカンジです。

❺育った

私が成熟する頃を見計らって、視床下部は脳下垂体に、今度は「黄体形成ホルモン」を分泌するよう命令します。

❻よーし、排卵

黄体形成ホルモンは、卵巣にやって来て、卵胞の中から私を引き出し、さらに卵巣から連れ出し、卵管へ「案内」してくれます。これがウワサの「排卵」です。

❼精子を待つ

卵巣を飛び出した私は、「卵管采」に取り込まれ、卵管に入ります。私は自分では動けませんが、卵管内の細い毛がさわさわ動いて私を招き寄せます。

❽はかない命

私は卵管の一番太い所、「卵管膨大部」で、精子サマを待ち受けます。でも24時間たつと、もー待ちきれなくて、ふて死にしてしまいます。あー、セミよりはかない命でした（マル）。

ドキュメント「月経への道」

❶目覚めの時

思春期を迎え、卵胞刺激ホルモンが私・卵子を育て始めると、私を包んでる卵胞も、やはり卵胞刺激ホルモンの作用で「卵胞ホルモン＝エストロゲン」を分泌し始めます。
この卵胞ホルモンは"女性ホルモン"と呼ばれ、皮下脂肪を蓄えたり、性器を発達させたり、女らしいからだ作りに役立ちます。

❷その時、子宮では

この卵胞ホルモンは、卵巣から子宮へ出かけていき、子宮内膜でベッドを作ります。将来私が運よく受精卵になったらここに寝るので、その準備をはじめるワケです。

❸つづいて排卵する頃に

黄体形成ホルモンは、私を排卵させますが、それと同時に、私が抜けたあとの卵胞を、卵巣の中で「黄体」という黄色い組織に変身させます。

❹さらに排卵したあとに

で、この黄体は、さらに「黄体ホルモン＝プロゲステロン」を分泌します。このホルモンもやっぱり"女性ホルモン"と呼ばれ、おっぱいや性器の発育に役立ちます。

30

●●● 女のコのからだ ●●●

ちなみに伊藤理佐の場合

❺ そして、もう一度子宮では

黄体ホルモンは、卵巣から子宮へ出かけていきます。そして先程、卵胞ホルモンが作っておいたベッドの上に、マットや布団を敷いてフカフカにします。

❻ 子宮内膜ベッド・準備完了

ベッドの準備ができました。あとは受精卵の到着を待つばかりです。ところがその頃、卵子の私は受精卵になるどころかとっくに死んでいたのです。

❼ ベッドが壊れて＝月経

黄体ホルモンは、約2週間、ベッドの脇で私（受精卵）を待ってくれますが、当然来ない。ついに腹を立て、ベッドを子宮の外へケリだし、トンヅラしてしまいます。これがウワサの「月経」でした。

あれは、小学6年生の12月17日の朝…。

さむいとこだったので着るフクをあたためる

さむいよー

とっとと―

あら、リー
リーとよばれていた
母

しゅん しゅん

生理はじまってんじゃないの？

え
うそ
生理！

おめでとー

ん―
そっか
ちゃんと作文にかけよ

先生、今日きたー

あっけらかんとしすぎてソの キオクが…

前から生理のことを作文にかくコトをススメられていた。

うちがせまいのでみんないる

LESSON 5 ナプキン&タンポン

ケアの基本

手当のポイントは1に清潔、2に清潔です。

経血はただの血液よりはるかに栄養満点です。だからバイキンも大喜びで繁殖します。暑い季節はなおさら大繁殖です。大事なところがバッチイままではいけません。ナプキンは2時間おきにどしどし取り替えましょう。量の少ない日でもケチってはいけません。気になるニオイも、経血そのもののニオイというより、バイキンで変質するためのニオイです。まめに取り替えるだけで、ずいぶん違います。ピタピタジーンズやキツキツガードルもはかないように。当然ムレて、バイキンを喜ばすだけです。その上血行も悪くなり、月経痛の原因になります。シャワートイレがあれば大いに利用しましょう。お風呂やシャワーもまめに入ってください（腟の入り口の括約筋はいつも閉じてますから、お風呂のお湯が中に入ることはありません）。からだを暖めると下半身のうっ血がとれ、血行がよくなりますからおすすめです。

ナプキン選び

各メーカーの品質改良競争にはすさまじいものがあります。主力は高分子吸収体といって、経血をゼリー状に固めて逃がさないというハイテク技術の追求です。ともかくモレないズレないムレないです。せっかくですから片っ端から新作を試してみて、自分に合うのを選びましょう。友達何人かでワケワケすれば安上がりです。そして量の多い日、少ない日、夜、夏冬と上手に使い分けてください。

タンポンも使ってみる

腟の中に入れて使う内装式の月経用品です。腟はとてもストレッチ性があり、特に奥の方は鈍感なので、正しい位置に挿入できれば異物感はありません。処女膜も、もともと経血を排出するための穴があいていますから、タンポンぐらい、楽勝です。まめに取り替えるという原則さえ守れば、若い女のコがタンポンを使えない理由はまったくありません。

ただし、『タンポンの腟内置き忘れ事故』には十分注意しましょう。ほっとくと、子宮や卵巣まで感染を起こします。おりものがおかしいといって産婦人科へ駆け込んだら、それはクサくてバッチイタンポンが出て来た、では赤っ恥です。

たかが ナプキン
されど ナプキン(?)
こんな 歴史が
ありました

モノに歴史アリ!!

すごーい。

パパレモン
がんばる!!

32

●●● 女のコのからだ ●●●

（生理の歴史すごろく）

スタート
エジプトでは…なんと、腟にパピルスをいれたミイラがアルそうな。クレオパトラにもちろん月経はもちろんあったはず
「たいへんよ」

日本では、古事記でもうたわれていた。けっこうおおっぴら
「アレ、スンナリ血が…」
「アナタがなかなかきてくれないんで、一ヶ月たってしまったワよーん」
「うまいっ」
「んもー」

部屋にとじこもり
生理中の女性が作物にさわると、くさる(!!)、こくなれる(!?)と、イミきらわれた時代
干し草の上にたれ流していた（あとで、もやした）

さらし木綿、綿
安土桃山には…
「女はガマン…」
「たいへんデスケ」

江戸時代…やっとこ紙が…でも私はきちょうひん ふっ さらし木綿
庶民は何度もあらって
「よーし洗タクオワリ」

大正時代にはやっと カット綿を糸でスポン スポン タンポン などまた脱脂綿をしんだ 庶民はしんぶんしのんだ
「よく、おとした」

でもやっぱりつかいもむとベンリ…

ゴール(?)
現在
モレナイ ムレナイ ズレナイ!!
ほんとベンリ

夜のウラ技
40cmに及ぶ、夜専用のナプキンができて大助かり。それでも旅行先や友人宅で寝相が悪いと不安です。そこでとっときのウラ技。
● 赤ちゃんの紙おしめ。おしっこ3回分の実力はあなどれない。
● 産褥ナプキン。出産後の多量の出血に対応する特大ナプキンでL判55×17cm！ の座布団級。薬局で売ってます。

どっちもかさばりはするけど失敗するよりマシといえます。

お布団を汚したら
朝起きて失敗しててもキレイにする余裕なし。帰ってくるころにはカパカパ……の時は
1. 台所用洗剤をヌリヌリ。2. ぬれタオルをあてて30分ぐらいなじませる。3. 布団の上からぬれタオルでトントンたたく。結構キレイになるよ。試してみて。

基礎体温のメカニズム

基礎体温とは

人間には「基礎体温」という体温があります。4時間ぐらい、じーっとなーんにもしないで計った体温です。普通は朝、目覚めた時、ベッドの上で静かに計ったものをいいます。動いたり食べたり怒ったり、風邪をひいたり、虫歯が痛かったり、何かあれば必ず体温は上がりますから、基礎体温とは、正確な意味での平熱というわけです。だから、男のコにも当然基礎体温はありますが、毎日毎日計っても同じなので面白くありません。一方、女のコはしっかり違います。月経のサイクルに合わせて高い時期と低い時期があるのです。

基礎体温のメカニズム

体温を変化させる黒幕は、P30のドキュメントに登場した、黄体ホルモンです。卵巣が黄体ホルモンを分泌している期間は0.4～0.5度ほど体温が高くなるのです。これを月経のサイクルに合わせてみると

・月経から、排卵のおこるまでの約2週間は、体温低めの低温期。
・排卵がおこり、黄体ホルモンの分泌の始まった頃、体温が上がる。
・それから次の月経が始まる頃まで体温高めの高温期。
・月経が始まるということは、黄体ホルモンの分泌がなくなるということ。だから月経が始まると体温が下がって低温期になる。

以上を体温表にしてみると左上のようになります。この表の高い時期を「高温相」、低い時期を「低温相」と呼びます。さらに高低2つの相がある基礎体温のパターンを「二相性」と呼んでいます。

基礎体温を計ってみて「二相性」になったら、それは卵巣も子宮も正常に働いてて、ホルモンのバランスがいいということ。つまり女のコは誰でも、婦人体温計一本で、健康管理ができる。利用しない手はありません。

基礎体温で分かるいろいろ

①**排卵日** 基礎体温が低温相から高温相に移るあたりです。
②**次の月経** 次回月経は排卵から12～16日後におこります。自分のサイクルが正確に分かれば、急に始まってアセることがありません。
③**妊娠** 高温相が3週間以上続いたら、まず間違いなく妊娠です。黄体ホルモンは、受精卵のために妊娠をふかふかにしておくの

❶まず、薬局に行って「婦人体温計」を買ってくる。大概「基礎体温表」もついてくる。昔ながらの水銀体温計と、今風のデジタル計がある。900～3000円。
※普通の、風邪ひきの時に使う体温計は目盛りがおーおまかだから、基礎体温のびみょーな変化はぜったい分からない。計ってもムダ。

❷朝、目が覚めたらそのまま布団の中で計るのがベスト。だから前日の夜、水銀計なら水銀を下げて、枕元に用意しておく。

❸口の、舌の下に入れて計る。脇の下は不正確だからやめとく。

❹問題は、口にくわえたまま眠ってしまい、ヨダレと一緒に体温計がはずれること。こういうコはフトンの上におとなしくお座

●●● 女のコのからだ ●●●

28日周期の基礎体温表

| 安全日 | 危険日 | 安全日 | 危険日 |

月経／排卵／月経

基礎体温を避妊に応用するとき

が仕事ですから、妊娠すれば受精卵を守るためにずーっと分泌され続けます。つまり基礎体温は上がりっぱなしになります。

④無排卵 低温相しかないという場合は、卵巣の機能が悪くて、排卵をしてないことがあります。あわてなくても大丈夫です。

その他 18歳を過ぎても二相性のパターンがおかしい時は、卵巣の機能やホルモンの分泌に問題があるかもしれません。シロート判断しないで、表を持って産婦人科に相談を。

妊娠は女のコの卵子と、男のコの精子が出会って起こります。だから排卵期＝危険期に絶対セックスしなければ（もしくは他の方法で、しっかり避妊すれば）理論的には妊娠しません。

この基礎体温法では、確実に避妊を行うために、月経が始まってから、高温相に移って3日めの間を危険日と考えます。4日めからが安全日です。

実際に妊娠する超危険日は、排卵日まえの3日間（精子が子宮の中で生きてる期間）と、排卵日当日、排卵日後の1日（卵子が生きてる期間）の計5日間ですが、排卵はいつ起こるか分からないので、低温相の間はまとめて危険日と考えるわけです。

高温相に移っても、高温＝排卵という保証はない。単に体調が悪くて体温が上がっただけかもしれない。まだまだアブナイ。だからそれを確認するために、続く3日間も当然危険日と考えます。特に慎重に体温を計ります。確認できたら、やっと安全日です。

確実な避妊のために

以上で、理屈の上では避妊できるのですが、思春期はからだが不安定で、いろいろ不測の事態がおこりますから、過信は禁物です。シロートなので、体温表の読み間違えもあり得るので、体温表の読み間違えもあり得

ます。まず3カ月間計ってみて、その表を持って産婦人科へ行き、必ずアドバイスを受けてください。妊娠してからじゃ遅い！ 避妊の実践はとても難しいものです（→P.66）。

りして計る。この時、マンガぐらいは読んでもいい。

⑤基礎体温はデリケートなので、
・うっかり食べた、飲んだ、トイレでいきんだ、シェイプアップ体操をしてしまった時は、一応計って、してしまったことを表に一緒に書き込んでおく。

・計った時間がいつもと違う、睡眠不足、風邪っぽい、ベンピっぽい、ゲリっぽい、歯が痛いなど体調のかげんで体温が変化しそうなことも、きちんと書いておく。

⑥忘れた、寝坊をした、オシッコがもれそう、試験で徹夜だった、朝練で急とかいった理由で計れないことは間々ある。そういう時はそれっきりあきらめたりしないで、明日計ればいい。

危！ 基礎体温を避妊に役立てようと思ってると、高温期が待ちどおしい。でも「上がった、上がった」と喜んでセックスしちゃったら、単なる風邪の高温で、ガーン！ てこともある。自分の体調をよく考えて、余裕をもってじっくり計っておくこと。

女のコのリズム1カ月＆1年

きちんと自分の記録をつけてますか？　月経はもちろんのこと、基礎体温や排卵日かなっていう日も全部。女のコのからだは常にホルモンの影響を受けています。（月経前症候群→P.132）。健康管理ができて初めて一人前。一年を振り返ったら、心もからだも、恋もステキに成長してるはず……。

- 🩸：月経。初日のマークに周期を書くこと
- 卵：基礎体温で見当つけた排卵日
- ♡：デートABC
- ✏：テスト
- 🎾：試合
- 👜：旅行
- ✚：病気

●●● 女のコのからだ ●●●

●1カ月のサイクル

	1	2	3	4	5	6	7	8	9	10	11	12	13	14	15	16	17
子宮内膜のベッド状況								フラフラ カン		カンカン		カン		できたー		
卵子の成長							オギャー								成んっ！		
月経	○	○	○	○	○											たまご	
基礎体温 37° / 36.5°																	
女性ホルモン						卵胞ホルモンの量											

●1年間のサイクル

	1	2	3	4	5	6	7	8	9	10	11	12	13	14	15	16	17
1月	○	○	○	○	○					＋かぜ＋						たまご	
2月	○	○														たまご	
3月	○	○	○						スキー!! 彼といっしょに!! A							たまご	
4月	○	○	○							テニス交流会					たまご		
5月	○	○	○	○	A							中間テスト				たまご	
6月	○	○													たまご		
7月	○	○	○							きまつテスト					B	たまご	
8月			テニス合宿		＋グリ									たまご			
9月															えんき き軟		
10月	さみしく…										B	修学旅行					
11月			A													たまご	
12月	○	○	○	○	○				きまつテスト					たまご			

HIS BODY

男のコの心とからだを知っておこう

大好きだけでカレの本音は見えないぜ

Dr. KITAMURA

「やりたい盛り」の男のコ——

人間の性行動は男性ホルモンによって加速されるということをご存知かな。男性ホルモンが性欲ホルモンとかの愛情ホルモンと言われるゆえんだ。男性の場合は精巣と副腎、女性では卵巣と副腎が、男性ホルモンを分泌する器官の代表選手。あらためて言うまでもないが、性欲は決して男性の特権ではない。女性だって、性欲があり、

「彼と一緒にいたい」とか「彼の腕に接していたい」などの欲求は、性欲ホルモンのなせる業だと考えていい。ところで、これからが深刻。男性ホルモンの分泌量を年齢によってみたとき、男性は17歳から18歳にピークがあるってこと。君の身近にいる同世代の男のコは、人生して男性の特権ではない。女性だって、性欲があり、の中でも、最も性欲ホルモンレベルの高い時期を生きて

◆◆◆ 男のコのからだ ◆◇◆

いるってこと、知ってた？　性欲ホルモンレベルだけでみれば、君の父親の比ではない。ピークに向かって今を生きている男のコの性欲との葛藤、理解できるかな？

それでは女性はどうか。一般に女性のからだの中で分泌されている男性ホルモンには、年齢による変化があまり認められないという。男性に比べて女性ホルモンの分泌が盛んな女性の場合、女性ホルモンが高い時期には相対的に男性ホルモンが抑え込まれてしまう。その代表格が妊娠中。妊娠中は、胎児の生命を維持するために女性ホルモンの分泌が盛んで、女性ホルモンが相対的に男性ホルモンレベルともいわれているのだ。その結果として、男性ホルモンの相対量は減少し、性欲は低下する。男性が性欲との葛藤に明け暮れしている高校時代。女性はといえば、「何で男はみんなそんなにやりたがるの？」と首をかしげたくなるようなホルモンレベルを生きていることになる。

僕の高校時代を思い返しても、まさに性欲との戦いの連続だった。「セックス」という言葉や文字が目に入るだ

本当はカッコよく生きたい。でも…

僕のクリニックに通っていた女子高校生からの相談だった。

「彼とは3年間も付き合っているのに、彼って一向に手を出してこない。キスだってまだなのよ。ひょっとしたら、性的に問題があるのかしら」

小綺麗な女のコの大胆発言に呆然。

「今度彼と一緒においで。僕に彼と二人だけで話をさせてくれないか」

けで、僕の性は混乱を繰り返した。「セックスしたい」という欲求は、僕の高校時代の偽らざる思いだった。週刊誌情報でなんでも知り抜いていた僕にとって残された道は、ただ一つ、「やるっきゃなかった」のだ。でも結論を急ぎ大きく立ちはだかる受験が、僕を臆病者にさせていたのだ。目の前に、「ここで女性との関係に走り、その楽しさに溺れてしまったら、僕は挫折するのではないか」という、自信にも満ちた思いがあった。

「受験に成功したら性交しよう」と。

しかし、激しく襲う性欲は、精神的な励ましだけで解決されるわけではなかった。そんな時、右手の青春が僕の友達だった。右手の青春に支えられる日々の連続。だから、僕は右手の青春に、感謝状の一つや二つあげたい気持ちでいっぱいだ。

2週間後だった。ハンサムボーイとやって来た彼女。診療の合間をみての、彼との面接。

「君たち、キスもまだなんだって？　彼女の方はちょっとばかりしびれをきらしているみたいだよ」「先生も男だからわかるでしょ。本当に好きな女のコには手を出せないという心理。僕にとって、彼女はそういう人なんです。小綺麗な女のコの大胆発言に呆然。欲求のおもむくままに行動したいという願いがないわけではない。でも、そんなことして嫌われてしまったら元

同じ瞬間を生きているとはいっても…

中学1年生の初々しい女のコの悩みを聞いてやって下さい。

彼女は自分の中学校を卒業したばかりの先輩を好きになったんだ。みんなからはプー太郎と言われていた先輩だった。卒業したのに学校にもいかず、仕事にも就かず。だから親も教師も口をそろえて、「あんな子と付き合っちゃダメ」と。わかるだろう、こんな彼女の思い。冷静になって考えれば、親や先生の気持ちもわからないではないが、「好きなことは好き」。これが恋っていうものかな？

そんな先輩がある日、誘いの電話を掛けてきたのだから、もう宙をも上る気持ちになった彼女。「今度、俺の両親よ、旅行に行くんだって。だから俺んちに遊びに来ないか」。迷った。「行きたい」、でも「いいのだろうか」と。たまたま相談に乗ってくれた友人がいたものだから、その友人と一緒に彼の家へ行くことに決めた。

3人の友人がいた。「こんなはずじゃなかったのに」とは思ったが、自分だって友人を同行させているのだ。5人の男女による楽しいひと時が過ぎていたのだが、一緒に行った友人が先に帰りたいと言い出して席をはずした時だった。

プー太郎が彼女を襲った。もちろん合意があったわけではない。暴力だ。まさしくレイプだった。あげくが、セックスを終えた彼は、事もあろうに、他の二人の男性に向かって、「俺の女だからやっていいぜ」。初めてのセックスをこんな形で迎えようなんて、これっぽっちも考えてはいなかった。でも、現実は、彼女の身も心も傷つける形で終わった。

それから月経が止まった。妊娠不安の中でクリニックを訪れた彼女に待っていたものは、幸いにも妊娠ではなかったが、STI（性感染症）、クラミジアという忌まわしい病気だった。

誘われるままに、彼の家へ向かった彼女は、セックスを求められていたわけではない。例えプー太郎というレッテルを張られていたとしても、彼女の心をとらえて離さなかった先輩との共通の時間を過ごしたかったという思いが、彼女をプー太郎の家へと行かせたのだ。身近なところで、目と目をみつめての会話なんて想像しただけで嬉しくなる。先輩の吐いた二酸化炭素だって楽しくなる。先輩の吐いた二酸化炭素だったらロマンチックな時なら吸うことだってためらわない。そんなロマンチックな時を過ごすことができたらという思いが、目と目をみつめての会話なんて想像しただけで嬉しくなる。

でも、この事件をみる限り、先輩であるプー太郎は、彼女を誘い込んだ時から、セックスを目的としていたのではない。別に性的に問題があるわけでもないからね。別に性的に問題があるわけではありませんから、心配御無用。セックスする相手はいるからという言葉は気にくわない男性。君はどちらのタイプの女性を目指しますか？好きだから手を出せない女性。性的な欲求を満たすためだけの女性。君はどちらのタイプの女性を目指しますか？

◆◆◆ 男のコのからだ ◆◆◆

ではないだろうか。しかも複数の男性とのたくらみの中で。

このように、男女の意識には大きな違いがあることを知るべきだ。同じ時を過ごし、同じ場所にいたとしても、男女の考えていることには大きな隔たりがある。寂しいけれど、君の思いと彼の思いとは決して同じではない。

女性は「愛していた」、男性は…

日本性教育協会がわが国の高校生の性意識を調査した結果が手元にある。「初めてのセックスのきっかけは何ですか」という問いに対して、男女とも「愛している」とか「好き」というのがないわけではないが、男女の間には際だった違いのある事がわかった。女性は、「愛していると感じた」が目立ち、男性は「興奮した」「好奇心で」が主流。この結果をどう考えますか？高校生くらいの女性から、「先生、キスくらいいいかなって思うんですが、先生はどうですか」という質問を受けることがある。僕なんか、男の性の真実を知って

いるものだから、血相を変えて、「ダメ！」と叱りつけることにしている。「男の性は、キスくらいじゃすまないんだよ」。性欲ホルモンのレベルがピークに近い男子高校生。激しい性欲との葛藤に明け暮れている毎日。そんな中で、キスのチャンスが訪れたその時、冷静さを失わないという保障はない。キス、ペッティング、セックスと道は作られたようなものだ。女性への欲求とは、根本的に違う男性の性の実態をもっともっと知っていて欲しいと願ってやまない。

41

男のコのからだレッスン

男のコのからだも、やっぱり10歳前後に思春期を迎えます。まずは、精巣（タマタマのことです）から大きくなります。そしてここで分泌される男性ホルモンが、男のコのからだ作りの、元締めとなります。

背が伸びる。肩幅が広くなって体型がガッチリする。喉仏が出て声が低くなる。あちこちに体毛が生える。小学校低学年までは、男のコも女のコも似たようなからだつきだったのに、これからは死ぬまで、違う性を生きていくことになります。

LESSON 1

性器

メインはペニスと精巣です。おなかの中には、前立腺、精のう、精管などがあります。

ペニス・精巣 と同じ頃から大きくなり、色も濃くなります。精液の放出（射精）と、オシッコの放出（→P.45）の、一人二役。セックスの時には勃起しています。男のコはペニスに深ーい思い入れがあるので、女のコの膣内を訪問して射精するワケです。男のコはペニスのも気になってしかたなく、トイレや風呂場で、密かにガンの飛ばし合いをやってます。強くたくましく一等賞！と世間の期待する男らしさがプレッシャーなのです。

精巣・精子と男性ホルモンを作ります。女のコの卵巣に当たり、無防備を作ります。女のコの卵巣に当たり、無防備な男性ホルモン（アンドロゲン）

クーパー腺

クーパー腺液を分泌する器官。クーパー腺液は射精の前に出る透明な液で、オシッコで酸性になった尿道を精子のために中和する役割がある。

ところが気の早い精子は射精の前からこれにウジャウジャ混ざって出てきてしまう。この重大な事実を知らないと、避妊に大失敗するゾ。

陰のう

タマタマの入った袋で、伸び縮みがきくように、表面がしわしわになってる。タマタマが元気な精子をつくるには、体温よりやや低めが適温なので、寒いと縮み、暑いとデレッと伸びて温度調節をする。なかなかよくできたラジエーターなのだ。

精巣

昔は睾丸とも呼んだ。精子と男性ホルモンをせっせと作る元気者。タマタマというけど、真ん丸ではなく実は楕円形で陰のうの中に2個別々に収まっている。外的ショックにとても弱く、野球のボールなどに直撃されると男のコは声もなくうずくまってしまう。

◆ 男のコのからだ ◆

前立腺、精のう、精管など・精子と精液をブレンドしたり、運んだりに働きます。にぶら下がってますがとても大事です。

射精（しゃせい）

LESSON 1

精巣は思春期になると精子を作り始めますが、一定量たまると放出する必要に迫られます。それが射精で、初めての射精を特に精通と呼びます。女のコの月経・初経に当たるオトナのシンボルです。

男のコの性欲

LESSON 2

男のコは射精を通して、具体的に性欲を意識します。彼らのペニスは精通を体験した瞬間から、オトナなみの機能を持っていますし、性欲のレベルも、ホルモンの関係で、今が絶好調最高潮のピークです。マスターベーションが日常的に行われ、セックスは憧れなんてものじゃなく、ずばりヤリたい大問題です。

一方、女のコはと言えば、性欲レベルのピークがくるのは30～40代。10代の頃の性欲なんて、彼らと比べたらリカちゃん人形です。

男と女は同じ人間だけど、この時期、性的にはまったく違うスタンスに立っています。よきパートナーとして理解し合うには、この違いを互いによく知らなければいけません。とかく過激につっ走りたい男のコの心とからだ。女のコはくれぐれも㊟御身大切に。

陰毛（いんもう）
彼らもやっぱりウエービィで、下腹部から肛門にかけて結構幅広く分布してる。ついでにタマタマにもちょろちょろ短い毛が生えているが、ペニス本体には生えてない。

ペニス
陰茎（いんけい）、つまりオチンチンのこと。人によって色、形、大きさ、曲がり具合、右向き、左向きとバラエティーに富む。機能に大差があるわけじゃなく、「勃起して4cm以上あればセックスに支障はない」と医学的にも保証されてる。従って4cmあったら「やっだー小さーい」は禁句。女のコはよくよく覚えておくように。

亀頭（きとう）
ペニスの先っぽの、少し太くなった顔というか首というか頭の部分で、男のコのからだの中ではココがピカ一敏感。見てると目を書き入れたくなる。

尿道（にょうどう）
オシッコと精液の通り道。途中に弁があって、膀胱（ぼうこう）方面と精巣方面にちゃんと分れている。射精でオシッコは出ないから安心しよう。

（図中ラベル：恥骨、精管、膀胱、精のう、副睾丸、前立腺、射精管）

LESSON ♦ 男のコのメカニズム

ドキュメント「射精への道」

❶プロフィール

名前・精子 大きさ・身長0.05mmの、オタマジャクシ型 色・ライトブルー？ 性能・秒速3mm というワケで僕は23個の染色体を持つ♂側の生殖細胞。人間の赤ちゃんのモトの片割れ。卵子嬢と出会って受精卵となることを生きがいに生まれてきたんだ。

❷空白の時

男のコも生まれた時から精巣（タマタマ）は持っているけど、残念ながらこの頃、僕はまだいない…。

❸目覚めの時

10歳ぐらいかな。脳の中の視床下部の命令で、すぐ下の脳下垂体が、「性腺刺激ホルモン＝ゴナドトロピン」の分泌を始めるんだ。これが男のコの思春期の始まりさ。

❹うずうず

性腺刺激ホルモンが精巣へ届くと、こんどは精巣が"アンドロゲン"などの男性ホルモンを分泌させる。この男性ホルモンが、性器の発達、ヒゲ、体毛、声変わり、逞しい骨格と、男らしいからだを作る元締めになるってわけ。

❺誕生

そしていよいよ精巣は、僕の製造開始！これからずーっと、年中無休の24時間営業で、毎分5万人も、作って作っていっぱい作ってくれる。

❻育つ

できたてホヤホヤの僕たち。はらぺこで隣の副睾丸へ行って、栄養を与えてもらう。ここで約6週間。ようやく一人前の"男"になる。

❼出る＝射精

一人前になる頃、副睾丸はもう満員。まず精管膨大部へ移動して→精のうから栄養をもらって運動神経を磨いて→前立腺で前立腺の分泌液と混ざって→精液になって道先案内人のクーパー腺のクーパー腺液を道先案内人→尿道を走り抜けて→ドッバッーと出るっ。
これがうわさの「射精」なんだ。男のコとしては、大変気持ちがイイ、オーガズムの瞬間ってわけさ。

◆◆◆ 男のコのからだ ◆◆◆

さて、精通だけど

この生まれて初めての射精を「精通」と呼んでいる。眠っている間に起こるコもいるし、マスターベーションで起こるコもいる。女のコの初経と同じだね。でも悲しいかな、誰も僕のためにお赤飯は炊いてくれない。ちなみに北村先生の精通は中学2年の夏で、朝起きたらパンツがびっとり濡れてて、寝小便かと思って、あわててパンツを裏返して、ヒップで乾かして…笑うなヨ！

さて、精液について

1回の射精で、精液は3～4cc。大半は前立腺の分泌液で、誓って言うけど、オシッコは混ざってない。カルピスの原液を2倍に薄めたような液だけど、味は全然違う。僕たち精子の仲間は、1回の射精で、3～4億人！ も出てくるゾ。

さて、勃起について

ペニスが堅く、長く、太くなって角度も上を向くこと。ペニスが『立つ』とも言うね。大脳が性的刺激を受けてコーフンすると、本人の意志とは関係なく、脊髄の勃起中枢が『立て』の命令を出すんだ。と、ペニスを構成する「海綿体」に血液がどどっと流れこんで"ピピンッ"と立つ。案外単純な仕組みなんだ。

ついでに「朝立ち」だけど

男のコが朝、目を覚ました時、ペニスが勃起してるワケじゃなく、何もえっちな夢を見てたワケじゃなく、睡眠中の脳波の刺激で勝手に立ってる。その証拠に目覚めてしばらくすれば、すぐ元に戻るヨ（ホントにえっちな夢を見てると、眠ってる間にしばしば射精する。これを「夢精」と呼んでる）。

【カレに教えてあげよう】男のコの疑問Q&A

自分のからだと仲良く付き合っていくのは、案外ムズカシい……。男のコたちもひそかに悩んでるんですね。Dr.北村が、男性の先輩として、貴重な体験アドバイスを。

Q マスターベーション やりすぎはヤバイ?

僕なんか、右手の青春(左手でも、両手でも好きにしてくれ)に感謝状の3つ、4つくらいあげたい気持ちでいっぱいだ。右手の青春が今の僕を作ったことは疑う余地がない。そのために望まない妊娠やSTI(性感染症)を回避することができたのだから。

高校時代、ヤリたい気持ちは頭の先から足の先まで満ち満ちていたのに、チャンスがない、パートナーがいない。仮にパートナーがいたとしても、受験勉強に明け暮れ、未来への希望に溢れ、セックスの向こう側の落とし穴にはまりたくないと考えた僕の場合なんて、「受験に成功したら性交しよう」と自分自身に言い聞かして頑張った。言い聞かしたところで、ヤリたい思いは解消されるわけではない。だからヤリまくった。

これでもかこれでもかと繰り返す右手の青春。射精に伴う快感をからだ全体に感じとりながら、再び森一郎のシケ単に向かった日々。忘れもしない。だから君たちに声高に言いたい。「やれるなら、朝までヤッてみよう、右手の青春」。人間極限まで、自分にとっての適度がわかってこそ、自分にとって、かけがえのない青春の火を燃やし続けるのだ。テヤテヤリまくって、大いにおヤリ、ヤッてるってものだ。

Q 僕のペニスは 大きい? 小さい?

どうして大きさにこだわるのか。でかいとどんなメリットがあり、小さいと問題があるのか。「セックスする時、女の人はでかい方が快感が強いのでしょ!」との質問があった。愚かな男たちよ。君のペニスなんて、女性の快感づくりにどれだけの役割を果たせるというのか。ペニスをチツに挿入したところで、何が起こるというのか。チツというのは女性の器官の中でも、鈍感極まりない場所だ。タンポンなんか入れて平気のへの字で水泳したり、勉強しちゃったりする。敏感だったら子どもなんか産めない。三千gを超えたら子宮から地球をつなぐ巨大生物の役割を負っているチツ。そのトンネルに挑もうとする男どものペニスなんて、大同小異でしかない。あえて言おう。「君のペニスは、とるに足らぬほど小さい」ということを…。

僕たちのからだは超合金合体ロボットとは違うんだ。学校のトイレで見られると恥ずかしいからちょっと大きめDタイプ、帰宅後は普通でいいやBタイプなんてわけにはいかないのだから。ペニスの長さは勃起して4〜5cmで十分というのが専門家の共通した見方だ。オシッコ、射精、セックスという三大仕事を成し遂げるペニスに大小の煩(わずら)いは無用。ただ、15歳を超えても、声変わりなし、性毛なし、ペニスの発育悪いの場合は専門家に相談のこと。

46

◆◆◆ 男のコのからだ ◆◆◆

Q 包茎なんだ　手術しないと嫌われる？

誰にも嫌われると恐れているのか。女のコ？ ベッドインの本格的な初めての出会いの女のコとの場面でか？ ペニスとの出会い。「ねぇ、君のペニス、包茎じゃん！」と。「顔に似合わずに、男性経験が豊富だったんだな」と。そんなオンナ捨ておしまい。

手術が必要な包茎はほとんどないと考えていい。その大半が仮性包茎なんだから。日本ではきちんとした調査はないのだが、高校生くらいなら、あらためて相談すること（☎03

らば包茎率7割から8割。確かに、包皮をむこうと試みても、困難を極める場合がないわけではないけど、石鹸を使うとか、クリームを使うなどして、慌てず騒がずねんごろに時間をかけて、亀頭の完全露出にキット成功するだろう。そうなったらしめたもの。手術の必要はない。（かぐや姫の「妹」風に）。どうしても、どうしてもムキムキしめたくても、どうしてもダメだったら、あらためて相談すること（☎03-3235-2638）。真性包茎を放置すると、ペニスの発育が抑えられたり、オシッコの出が悪くなったりあげくは腎臓に障害が起こったりと問題あり。手術は避けられない。日本には保険医療制度が整っているのを知っていると思うが、仮性包茎の手術は保険の適応ではない。医学界の常識の線がそうだってこと。せめて、不潔で悪臭を放つ恥垢をためることがないように、せっせと洗い続けて多少の刺激にもびくともしないたくましいペニスづくりを心掛けてくれ。

包茎でない状態：
いつでも亀頭が露出している。常に皮むけ状態。

仮性包茎：
勃起したり、手で皮をむこうとすれば、皮がむける。

真性包茎：
勃起しても、手でひっぱっても、どーしても皮がむけない。

Q 早漏なんだ　自信ないなぁ

頼むぜ、まだまだ自信なんか持たないでくれよ。僕たちは人生80年をかけて性の達人を目指そうというのだから……。早漏OK！ 失敗を繰り返し、恥ずかしさを乗り越えて、階段を上り詰めていくんだ。早漏とは行為が始まってから射精までの時間を問題にしているわけではないんだ。セックスは、そもそも愛する二人の出来事。自分ばかりの快感のための行為ではルール違反。早漏と

はルール違反という意味だ。できればクライマックスは二人で……。だから、早くイッてしまいかねない経験の浅い男のコは、ペニス以外の触れ合いを駆使して、女のコの幸福づくりに励むのだ。女のコの「最高！」を感じとった後だったら、1秒射精だって立派な男。

Q インポになったらどーしよう

インポ＝インポテンス＝勃起不全。インポになったらどうしようと悩むのではなく、インポになったら気分リフレッシュ、ペニス休めと心掛けようといいたい。確かに、いろいろな原因のために、ペニスの元気が失われることはあるものだ。ペニスだって生き物だから、病気にみられるような糖尿病や、神経障害やSTI恐怖、パートナーから傷つけられた、体力を超えてのマスのし過ぎなど精神的なインポが主流。だから解決の道はないわけではない。

そんな時、慌てず、騒がず、「ムスコが君を愛する想いはムスコが休みたがっているみたいだ。でもムスコが君を愛する想いはムスコの比ではないからね」といって、彼女を抱きしめるのだ。

47

失敗しないA・B・C FOR SEX

「嫌は嫌」「好きは好き」と言えるかい？

私の素敵な分身探し

女性はどうして男性を求め、男性は何を理由に女性を選ぶのか。

ギリシャ神話の中に出てくるアンドロギュヌス（両性具有）の話をしよう。アンドロギュヌスとは、奇怪な動物だった。頭が二つ、手が四つ、足が四つ。ちょうど二人の人が背中合わせに結合しているような状態なのだ。

だから騒々しかった。自由がきかなかった。「山に行きたい」と一方が言えば、「山なんかいやだ、海がいい」という具合だから、欲求の満たされないアンドロギュヌスは、苛立ちを隠せないで、大声を出す始末。その様子を見ていた神様は、なんて騒々しい奴だとばかり二つに分断してしまったというのだ。「自由にしてあげたのだから、ど

★★★失敗しないA・B・C★★★

ここにでも好きなところへお行き！
やっと解放されたアンドロギュヌスの分身たちは、好き勝手な生活を始めた。しばらくの間は、自由を満喫していた分身ではあるが、辺りが暗くなる頃に、ふと寂しさが募ってきた。
「私の分身はどうしたのだろうか」
「元気で生きているかな」
そんな想いをきっかけに、互いの分身探しが始まったという。これが思春期のはじまりはじまり。
結婚式の披露宴で、赤い糸を手繰って「この人かな」「あの人かな」と探し歩くだろう。赤い糸で結ばれた二人の話を耳にすることがあるだろう。分身探しの姿なのだ。
そもそもは、同体であったわけだから、仮に性格の違いはあったとしても、大本ではきっと結びついているはずだ。長い間一緒の生活をしていたのだから、習慣などにも大きな隔たりがあるとは考えられない。だから、分身は意外と身近な所に居るはずだ。
学校帰りに図書館へ行くことを日課にしている女のコ、

きっと図書館の片隅で本を探している男のコに気づくだろう。それが分身です。きっと。日曜日になると、私服で街中を遊び回っている男のコ、君の遊んでいるゲームセンターでマイコンゲームに興じている女のコが分身かもしれないよ。
いずれにせよ、こんなことは絶対にありえない。
「俺はさ、勉強嫌いで、生活目茶苦茶。だから分身は、まじめな女のコに限る」
これではちょっと調子が良すぎは実現できるのか。それでは期待する分身との出会いはどうしたら実現できるのか。今なら間に合うぞ。「人にして欲しいと思うことを自分もその通りにしなさい」という言葉があるんだ。これが分身探しの秘訣。ということは、「女のコにはこんな人が理想だな」と思うならば、自分もそんな理想に向かって努力するんだ。そうすれば、きっと近いうちに、自分と同じように魅力的で素敵な分身に出会うことができるに違いない。

セックス、僕の考える理想型

妊娠してクリニックを訪れる女のコの様子をみていると、なんともやるせない気持ちになることが多い。本気でセックスしたわけではないことを聞かされることが多いからだ。しかし、そんな女のコであっても、妊娠を回避するための努力を怠っているのだ。
「セックスしたかったのか」の問いに、「別に？　でも彼が熱心に求めてくるし、拒絶して嫌われたら困るし……」

というのだ。嫌われたくなかったからセックスしたというのだ。自分の意志でセックスするというのならばまだしも、主体性を失ってのセックスなんて許せない。セックスってそんなものじゃあないんだ。
そこで先輩としてのセックス論を一つ。セックスは子どもづくりだけの行為ではない。一人の女性が一生の間に産む子どもの数が、1.4人程度の今日、子どもづくりを

目的としたセックスなんて、ほんの取るに足らない程度でしかない。大半のセックスは、素敵なコミュニケーションの手段というか、明日への活力源というか、快楽追求の道というか、そんな感じだ。

それではなぜ、セックスは楽しいのか。理性を捨て、常識を超え、社会性を忘れ去ることのできる行為だからだ。毎日、毎日、本音と建て前を使い分けての生活に疲れ果てた僕たちにとっても、セックスの場だけは違う。本音一辺倒で迫ればいいんだ。もちろん、相手を思いやる心を忘れるわけにはいかないけれどね。社長であろう、

だからNOと言えないのはおかしい

だからNOと言えないのはおかしい。NOと言えない関係でのセックスなんて、セックスの理想型からはほど遠いと考えるべきだ。彼に強く求められたから拒否できなかったとか、嫌われたくなかったからでは頂けない。無理強いする男性なんて、捨てておしまい。雰囲気に流されてなどといってセックスをしているから、避妊もできない、STI予防にも無頓着になってしまうのだ。やりたかったらやるんじゃない。自分自身の意志で。やりたくなかったらやめるんじゃない。自分自身の意志で。それができないようなら、セックスを愚弄することになる。セックスなんてやめておしまい。

「嫌なことは嫌」と言える勇気を持とう。「好きなことは好きと言える気持ち」だって大事だ。

ただこれだけは知っておく必要がある。この日本では、

正社員であろう、フリーターであろう、大卒であろう、中卒であろうと全然関係ない。やることはとえば、愛し合う二人が、対等な関係で時を過ごすことができるということだ。互いに求め合う結果であって、決して無理強いはしない。嫌なときは嫌と素直に言える。だからといって、トラブッたりしない。望まない妊娠やSTIの問題を引き受けるような行為であってはならない。きちんと避妊、しっかりとコンドーム、これが最低条件。

中学生や高校生の妊娠、親のすねをかじっている世代の妊娠は歓迎されないってこと。アメリカやカナダなどでは、望む望まないにかかわらず、妊娠した場合、女のコの産む権利を守ってあげようという体制ができている。単に宗教的な意味からでなく、長い間培われたその国の伝統なのかもしれない。だから未婚の母の家があったり、ベビーシッター付きの学校があったりする。日本の高校であれば、妊娠が発覚しただけで、退学、しかも聞こえのいい自主退学が関の山。だから望まない妊娠は禁物だ。「やりたいならばやりたくなったら正確な避妊法を身につけ、それをきちんと実行できるまで訓練を重ねてからOKサインを出すくらいの用意周到さが必要だということをお忘れなく。

★★★失敗しないA・B・C★★★

君たちが鍵を握っている

僕を愛し続けていってくれないか
争うことをしないで
いつまでも続く愛
どんな障害があったって
僕たちには解決できるさ
僕たちの夢を実現するために

未来からたくさんのものを与えられるだろう
僕たちに明日があるならば
僕たちは鍵を持っているんだ
そのときまで
たわいもない遊びはやめよう
そのときまで
別な形で僕たちの愛を育もう
きっと実現するために
僕たちの夢を

(カナダ家族計画協会作成)

カナダでの出来事だった。ある高校を訪れた時に、トイレにコンドームの自動販売機が置かれている光景を見てビックリ。避妊にとどまらず、STI予防の実践教育にも役立っているという。「このアイディアは誰の発想」の問いに、「決して親や学校が積極的に置こうと計画したわけではありませんよ。生徒からの強い要請に動かされたんです。『マーケットや薬局では恥ずかしくて買えない。避

妊やSTIの性教育をするのならば、自分たちの手に入れやすい所にコンドームがなかったら意味がない』と。もっともだとは思わないか。知識教育には励みながら、それを君たちが実行するとなると目くじらを立てる怒り心頭たち。君の財布にコンドームでも入っていたら怒り心頭だろう。「望まない妊娠なんか絶対しないでよね」と日頃口を酸っぱく叫んでいる先生や親であったとしても…。

そんな中で、カナダの高校生と交わした議論が、実に説得力をもって響いてくる。

「望まない妊娠。かりに出産しても子どもが子どもを育てるように、経済的、社会的問題を抱えることになる十代の妊娠が最近話題になっているけれど、高校生がセックスに走ることについてどう考えますか」

不躾な質問を彼らにした時だった。

「僕たち若者は今まで黙りを決め込んで口を開かな過ぎたように思います。セックスは僕たちにもすごく大切なものなのです。触れ合いによるコミュニケーションって素晴しいものです。だからこそ、妊娠や避妊やエイズを含めたSTIのことについても、恐れることなく知識を深めなければならないんです。セックスは大人たちの特権じゃあないってことも僕たちがもっと声を大にして叫んでいかなければ…」

お国柄の違いで終わらせたくない言葉だ。失敗しないABCのために、君たちも真剣に愛について、性や避妊や妊娠やSTIについて考えてみないか。

セックス適性テスト

YESとNOでお答えください。YESが1つで、マイナス10点です。ガンバリましょう。

●彼に嫌われたくないから、求められたらきっとセックスすると思う。

●避妊は男のコがしてくれるものだと思う。

●避妊してほしいなんて、恥ずかしくて言えない。

●避妊について、ちゃんと勉強したことがない。

●STI＝性感染症は、普通の女のコのかかる病気じゃないと思う。

－100点・－90点	：今のあなたにセックスをする資格はありません。
－80点	：自分のからだをよく見つめてください。
－70点・－60点	：もっと、女のコとしての自立を心掛けましょう。
－50点	：STIと避妊について、しっかり勉強してください。
－40点〜－10点	：この本をよーく読みましょう。
－0点	：素敵なパートナーとの出会いを祈ってます♪

●今まで妊娠したことないから、避妊はいーかげんだ。

●コンドームなんて、見たことない。

●初対面の男性と、コンドームなしでセックスしたことがある。

●STIなんて、マジに考えたことはない。

●クリスマスに"私"をプレゼントしてあげたんだから、シャネルのバッグぐらいもらって当然よ。

－100点	：セックスをやめて、頭を冷やしましょう。
－90点	：自分勝手な男性観をおおいに反省してください。
－80点・－70点	：避妊やSTIについて、しっかり勉強して、自分をもっと大切にすべきです。
－60点	：パートナーと性について真剣に話し合いましょう。
－50点〜－30点	：この本を2回、よーく読みましょう。
－20点・－10点	：この本をよーく読んで。
－0点	：お幸せに♪

●避妊なんて、考えたことがない。

●未婚でピルを飲んでる女は、遊んでるヤツだと思う。

●コンドームは感度がニブるから、できるだけ使いたくない。

●Hな店には行かないから、エイズなんて自分には関係ない。

●もしSTIにかかっても、彼女には言えないと思う。

－100点	：一生セックスしないでいただきたい。
－90点	：自分勝手な女性観を猛反省してください。
－80点	：STIや望まない妊娠がもたらす不幸について、女性の立場で考えなさい。
－70点	：パートナーと真剣に"性"について話し合いなさい。
－60点〜－40点	：この本を3回よーく読みましょう。
－30点〜－10点	：この本をよーく読みましょう。
－0点	：彼女にヨロシク♪

★★★失敗しないA・B・C★★★

女のコ 初心者編

やーん 女の子がセックスなんて…「セックス」はずかしー？

- ●月経の記録をつけていない。 ☐
- ●基礎体温を計ったことがない。 ☐
- ●自分の性器をきちんと見たことがない。 ☐
- ●自分のからだやプロポーションに自信がないからセックスはしたくない。 ☐
- ●友達にセックス経験があると聞くと、まだの私はあせってしまう。 ☐

女のコ ベテラン編

そーいや、さいきん(2,3日)してないナー

- ●セックスしたくない日でも、求められたらイヤと言えない。 ☐
- ●感じてなくても、感じているフリをすることがよくある。 ☐
- ●セックスの回数と愛情は比例すると思う。 ☐
- ●彼のペニスを「ちっちゃーい」と言ったことがある。 ☐
- ●前の彼とは、セックスがヘタだから別れた。 ☐

男のコ編

ビデオで研究してまーす

- ●女は処女にかぎる。 ☐
- ●女のイヤよは、イイのうちである。 ☐
- ●月経と排卵の区別がつかない。 ☐
- ●男の価値はペニスで決まる。 ☐
- ●Hビデオやサイトで、テクニックの研究に余念がない。 ☐

セックスの前に読む ステップアップA・B・C

YESとNOの言える女のコになろう

女のコは恋に夢中になると、つい自分を見失いがちです。彼の好みのカワイイ私、画面いっぱい、バラの花。そんな時セックスをせまられると、実はイヤでもイヤといえません。「熱心だから、悪くって、つい」「断ったら、嫌われそうで、つい」

気がつけば、ああ、彼のいーなり。しかし人生にはリスクがつきもの。明日、彼の態度は豹変するかもしれません。今度の月経は来ないかもしれません。さあ、自分で責任がとれますか？ メゲずウラまず、現実を乗り越えていけますか？

「あの日あの時、NOが言えてたら…」

後悔するなら、セックスはしないことです。あなたの人生のプロデューサーは、あなた自身。他人（彼）をあてにせず、自分で仕切ってはじめてオトナの女性です。頭を冷やして、まず何でも正直に話し合える、対等な関係をつくることが先。さもないと、YESもNOも自分の意志で言えるようにはなりません。

避妊について正しい知識を持とう

このYES・NO、避妊の場面で特に大事です。思春期になって、とうに初経を迎えた女のコと、精通を体験した男のコ。生物学的に言わせていただくと、お二人は堂々『生殖能力』を獲得した個体です。つまりセックスをしたら、妊娠する。

おめめをウルウル星にしていたら、明日は立派に種の保存です。

「避妊してなんて、恥ずかしくって、言えなくて…」
「だから、避妊は彼にまかせてたのに…」

どうしてくれるの！

★★★失敗しないA・B・C★★★

悲しいことですが、日本では年間20万件弱の中絶手術が行われています。その50%近くを30代以上の女性が占めています。子供がいるベテランたちでさえ、『望まない妊娠』は避けきれない。そうです。

避妊は甘くありません。

必ず二人で話し合い、お勉強して、実行準備。それまでNOと言い続けるのは、妊娠するからだを持つ、女のコの責任です。

からだの欠点は口にチャック！

セックスはパートナーのあるがままを認め、受け止めることから始まります。からだのすみずみまで、相手のかけがえのない個性と思って、愛せちゃう。それがセックスの本道。親からいただいて、本人の努力でどーなるものでもない肉体に文句をつけるのは、言語道断です。

セックスを素敵なものにするのは、二人のハート。おっぱいや性器器や、ペニスの色、形には何の責任もありません。無神経な男のコの文句には別れも辞せず、断固抗議してください。同時に女のコの「ちっちゃい」「へたくそ」の二大セリフも禁句中の禁句です。彼は一生立ち直れずに終わります。

STIにも気をつけて

若いカップルが、妊娠以上に無関心で、困った結果に陥るものにSTI=性感染症（→P.110）があります。セックスを介してうつる病気をひっくるめた総称ですが、その数約20種類。かつては性病と呼ばれて、梅毒、淋病が代表選手でした。幸いこの二つは少し下火になりましたが、'80年代から、クラミジア、性器ヘルペス、エイズが新たなトレンドの座についています。つまり、

STIには誰でもかかる可能性がある。

セックスは、自分と相手、両方の健康に責任を持つだけの覚悟が必要です。軽はずみなワンナイトラブは、決してしないこと。コンドームを正しく使って予防に努めること（→P.80）。性器やおりものの状態に注意をはらうこと。病気の検診を積極的に受けること。もしかかってしまったら、パートナーもきっと感染していますから、必ず二人で治療を受けること。ケンカするのは、病気が治ってから。セックスは楽しいことばかりじゃないゾ。

AVの嘘にはだまされない

AV、Hサイト、出会い系。これも時代のはやりもので、男のコなら興味津々が普通です。ましてや今どきは、モデルも女優もアイドル級。演技もそこそこキマってますから、のめってしまう困ったクンも続出です。しかし彼女たちにとっては、あくまでビジネス。

決して一人の人間として、心や生活を表現しているわけではありません

（芸術とAVはここが違う！）。
それを承知で見ていただかないと、大迷惑。

現実の女のコも、TVのスイッチをひねると同じぐらいお手軽で、しまいにゃヨロコブと、とんでもないカン違いをやらかすからです。あなたがYES、NOをきっぱり言うのは実にこの時です。正々堂々、あなたの女性としての生き方を語ってください。それでも人の心の分からない男なら、こっちから三下り半！

★★★失敗しないA・B・C★★★

ベッドの上でもYES、NO

AVに限らず、文芸映画も、小説も、ベッドシーンはめくるめいてます。このためセックスが現実のものとなった時、多くのカップルは「こんなはずじゃない」と落ち込みます。男のコも女のコも、持って生まれた性の感女のコには、「感じてるフリ」をしてしまうコまでいる。「彼に悪いから」「不感症と思われたくないから」…。本当なら、一番正直に自分を語れるはずのセックスの場での、嘘。悲しすぎる話です。

性は、一人一人違います。心のありかたも、日々変わっていきます。他人のつくったマニュアルをうのみにしてはいけません。

ベッドの上でも、YESとNOをきちんと相手に伝えてください。したいこと、して欲しいこと、イヤなこと、したくない時、ありのままのあなたの気持ち、すべてです。セックスはお互いの感性を認め、信じて、育んでいくから、豊かなものになる。心を寄せあって時を待つことだって、二人のセックスの素敵な形なんです。

女のコが避妊の主役になろう

BIRTH CONTROL

自分で守れ。君のからだ、君の人生

「会いたくない」とはいうけれど……

18歳の女子高校生だった。妊娠14週。初期中絶の時期(妊娠12週未満)をもう2週間近くも過ぎていた。以前ペッサリーの指導をこのクリニックで受けたことのある女友達に付き添われてやって来たのだ。

「きょう、彼は?」「2カ月前に別れたんです。できればもう決して会いたくない」と。妊娠の確認が遅れたのも、

そんなところに原因があったのだろうか。彼…28歳、社会人。

「それにしても妊娠って、一人でできるものではないし、早速彼に連絡をとった方がいいよ。中絶の費用や同意書の問題もあるし」

彼を説得できたからか、数日後一緒に来院した。社会

58

♥♥♥ 女のコの避妊講座 ♥♥♥

人とはいえ、今流行のフリーターを自称するく粗暴さを感じさせる男性だった。
「妊娠の事実を知らされたときの気持ちは?」
「ミスっちゃった、参ったなあって感じ。ところで、先生、当たったのはいつのことですか」
「どういう意味、身に覚えがないとでもいうの?」
よくあるタイプの質問だった。何としても自分の責任を逃れたいから、自分とは関係ないところで妊娠が起こっているのではないかと疑惑を抱くのだ。彼も例外ではなかった。同意書にサインすることになるから嫌だ。とすれば、「そんなことよりも他の男の名前を借りられないか」といい、中絶費用についても、「残念だけど、俺ね、今貯金ないんだ」と言い切り、「費用は折半だよ」と求めた。28歳の男が18歳の女のコに向かって、男を見る目に欠けていたと嘆いたところで後の祭でしかなかった。

俺の子だって証拠は

涙ながらの中絶を求めてきたのは高校2年生。相手は1歳年上の先輩だった。でも、彼はこうやって中絶している事実を知らない。「彼、今就職試験の真最中なんですから、心配かけさせてはいけないと思って」というのがその理由だ。手には友人からかき集めた中絶費用を持っていた。

それから1年後、再びの妊娠。でも、女のコの目に涙はなかった。なんだかモヤモヤとしていたものから吹っ切れたような、さわやかな表情さえあったものだから、僕の方が面食らってしまった。

既に社会人になっていた彼女は彼の前に立ったのだ。なんと、自分の素直な気持ちを伝えようと。彼女は彼に、「妊娠したみたい。でも、私、産みたい。大好きなあなたと結婚したい」と。高校3年生になっていたから、うまくすれば学校に知られずに卒業し出産ができると考えたのだ。2度目の妊娠であることも告げた。しかし、彼から返ってきた言葉に、女のコは頭をガーンと打たれるようなショックを

覚えた。
「俺の子だって証拠があるのか、おまえが俺以外の男とセックスしていないという証拠があるのか」と。
2年もの間、大事に育ててきた愛。将来を一緒に分かち合いたいと考えていた相手からの言葉としてはあまりも残酷過ぎはしないか。「俺の子だって証拠はあるか」と問われて、答えることのできる女性はいるかい?「NO!」。「おまえが俺以外の男とセックスしていないという証拠を」と求められて、「あなただけ」と実証できる人がいるかい?「NO!」。誰もいない。「あなたを思う私の真剣な目を見て!」と叫んだところで、目には何も書いていない。精子に名前があるわけでもない。受精したからといって、「北村命」と腹に浮き彫りされてくるわけではない。信頼関係が失われているカップルでは、こんな悲惨なやり取りであるのだ。

このような事例に接する度に、「男は逃げられる、女は

女性が本当の自由を得る道

だから日本のようなコンドーム至上主義に僕は賛成できないのだ。「妊娠するのは私、避妊するのはあなた」なんていう、のん気な考えで自分のからだを守れるのか。女性が主導権を握れる避妊法を最優先しないで避妊を完全なものにできるのか。

セックスは二人の対等な関係の中で行われるべきだ。暴力によって妊娠が起こったときに、それを引き受けるのは絶対に男性ではないということ。避妊の怠慢や避妊の失敗としての妊娠、中絶、時には出産しようという場合もないわけではないが、そのすべてを女性が自分の身に引き受けるという厳然たる事実があることを、決して忘れてはいけない。

「まだ私自信がないから」といってためらう相手に無理強いするなどというのはセックスの理想からは遠いことだ。だから避妊についてだって対等応分の責任を二人が負うことだ。彼がコンドームを使おうが、使うまいが、膣外射精でセックスしようが、結果として妊娠が起こったときに、とがめられる理由はない。でも、これだけは忘れてくれるな。彼がコンドームを使おうが、使うまいが、彼はいつも苛立ちをあらわにして叱りつける。「涙を見せる場所が違うんだよ。どうして彼からセックスを求められたときに、『まだ高校生なので妊娠したら困るか

逃げられない」という言葉を実感する僕。妊娠は女のコが引き受けるものであることを声高に叫ばずにはおれない。

ら」とか『私はセックスしたいという思いはない』と涙ながらに訴えられなかったんだ」と。

日本の過去だってそうだった。女性に、産むか産まないかを選択する権利が与えられていなかった。拒否することが許されていなかった。だから、男に求められるままに妊娠し、産み続けた。「産めばなんとかなるさ」という僅かな希望の中で産んだ。妊娠、出産だけでなく、その結果が女性だけに引き受けて生きなければならないことをその後知った。男性の協力も得られないままの子産み子育ての連続。そして、やがて月経が止まり、ふと我に返ったとき、大層老けてしまっている自分に気づいた。慌てて人生をやり直そうと思ったところで、もう時間はなかった。

女性は妊娠のマシンではない。産むか産まないかを決定する権利が女性にはあるのだ。それは女性にとって、自分の人生をどのような計画の中で生きるかを決める選択でもある。世界人口白書の中にも、こう書かれている。「女性が自分自身で出生力をコントロールすることは女性が本当の自由を得るための道だ」

産むか産まないかを考える前にしなければならないことがある。妊娠するかしないかだ。これをうするために避妊がある。だから避妊を男性まかせにはできないのだ。女性ができる避妊法を駆使して、望まない妊娠を確実に避けて欲しい。

♥♥♥ 女のコの避妊講座 ♥♥♥

女性が避妊の主導権を握るために

「彼がコンドームを使ってくれていたはずら、彼のペニスにコンドームが付いているのを見たことがなかったという女のコがいる。射精だってコンドームの中の精液の存在をよく理解していなかったことがあるという。男のコの性反応の仕組みをよく理解していないものだから、射精後コンドームをはずし忘れて、膣の中に置き忘れるカップル。これでは望まない妊娠からの解放を望むことはできない。だから僕はあえてこう叫びたい。

「コンドームは避妊法じゃない」

君たちは「ウソッ！」と言うかもしれない。「避妊法なんてそれしか知らないもん」と。でも僕は頑として譲らない。

「コンドームは避妊法ではない」

どうしても、コンドームしかなかったらどうするか。NO SEX！ でも……とためらう女のコだったらどうするか。コンドームを手にし、男のコのペニスに装着せよ、射精後コンドームを自分の手で取り外せと言いたい。それぐらいの主体性なくして、避妊の確実な実行など不可能だ。

女性が主導権を握って避妊できるのがピル。もっとも確実で、あやまりなく飲めば、ほぼ百パーセント妊娠を避けることができる。現在、世界中で一億人近くの女性たちが使っている。日本でも、一九九九年から副作用の少ない低用量ピルが、医師の処方さえあれば、からだにやさしい低用量ピルが、使えるようになった。アメリカでピルが承認されたのが一九六〇年だから、世界におくれること四〇年。でも、これでようやく、確実な避妊が保障され

て、かけがえのない安心を自分のものにすることができるようになったのだ。ピルは健康な女性が長い期間服用するので、副作用の研究が熱心にくりかえされてきた。低用量ピルは、その副作用を最小限におさえることに成功したのである。

もう一つの朗報は、二〇一一年に緊急避妊薬「ノルレボ錠」が承認されたことだ。コンドームが破れるなど避妊に失敗した時、さらにはレイプなどの犯罪被害にあった時、あるいは避妊なしの無防備なセックスをした時、七十二時間以内に緊急避妊薬を処方してもらえば、約八十パーセントの確率で望まない妊娠を回避できる。以前は月経困難症などの治療に使う中用量ピルを、医師の責任と判断において緊急避妊薬として転用するしかなく、対応する医療機関が限られていた。百パーセント確実な避妊法はないのだから、女性の心と体を守る最後の砦として、緊急避妊法が社会に広がる意義は大きい。

「知らないのは愚か、知らせないのは罪」

僕は声を大にして緊急避妊法の普及に努めている。確かに、男性にとっては今考えられる唯一の避妊法であるコンドーム。同時にエイズやSTIを防止することのできる唯一の方法。でも女性の側からしたら、それは避妊の補助手段でしかないことをお忘れなく。「女性ができる避妊法を優先し、男性には避妊の補助手段として、STI予防の用具としてコンドームを使わせよう」

これが君たちに向けての僕からの熱きメッセージだ。

避妊知識実力テスト ⑳

○か×かでお答えください。回答はP.87です。

1. 月経中はセックスしても絶対妊娠しない。 [ ]
2. 15歳以下の男のコには、まだ妊娠させる能力がない。 [ ]
3. ペッサリーとは、男性のペニスにつける避妊具である。 [ ]
4. 射精の瞬間、男のコが息を止めていれば、精子は酸欠で死んでしまうので、安心である。 [ ]
5. 女性が上の体位なら、精液が流れ出るのでまず妊娠しない。 [ ]
6. セックスのあと、コーラや炭酸ジュースで勢いよく洗うと、妊娠しない。 [ ]
7. 妊娠したくないと真剣に思っていれば妊娠することはない。 [ ]
8. 月経不順なら、めったに排卵がないから、避妊の必要がない。 [ ]
9. オギノ学説とは「月経の前後1週間は妊娠しない」というもの。 [ ]
10. ピルは医師の処方せんがなくても薬局で買うことができる。 [ ]

♥♥♥ 女のコの避妊講座 ♥♥♥

20	19	18	17	16	15	14	13	12	11
基礎体温を計ってみて、それが低い間は妊娠しない。	殺精子剤の錠剤は、セックスの前に女のコが飲む薬。	コンドームは射精の直前につければよい。	射精を繰り返すと、精子の数が激減するので避妊の必要はない。	セックスのあと膣をビデで洗う洗浄法は、5分以内なら効果十分。	IUD（子宮内に入れる避妊具）は若い女性なら誰でも使えるが、高価なので人気がない。	膣外射精は、手軽で確実な避妊法なので、男のコはぜひマスターしておきたい。	コンドームは、彼が2枚重ねてつけると、破れにくいので安心である。	精子は酸性に弱いので、コンドームがなければ、レモンの輪切りを膣に入れて避妊しておくとよい。	女子中学生が妊娠した例は日本ではまだない。
[ ]	[ ]	[ ]	[ ]	[ ]	[ ]	[ ]	[ ]	[ ]	[ ]

ドキュメント「妊娠への道」

【受精のしくみ】

図ラベル：卵管、受精卵、桑実胚、胚胞体、子宮、腟、精子、卵管膨大部、受精、着床、卵巣、排卵、射精

妊娠は①セックスをする→②卵子と精子が出会って、受精卵となる→③受精卵が子宮内膜に着床する。この3つのステップで成立します。避妊は、このステップのどれかをジャマすることですから、よーく覚えておいてください。

月経がある女性は（たとえ不規則でも）、基本的には排卵がありますから、セックスをすれば、常に妊娠する可能性が大アリです。そのこともよーく覚えておいてください。

❶まずセックスから

すべてはセックスから始まります。初めてでも、たった一回でも、ヨクなくても、ヨクても、例えばレイプのような場合でも、女性にとって不本意なセックスというセックスは妊娠をもたらす可能性があります。

❷精子が入る

セックスすると男性の精子（精液）が女性の腟内に入ります。このときから精子たちの卵子を目指すサバイバルゲームが始まります。

❸精子は進む

精子総数、約3〜4億人。おーっと、根性のない半数が早くも腟内で脱落。あーっと、子宮内でもポロポロ脱落。そしてとびきり生きのいい数百人が卵管まで勝ち残ります。

❹さらに進む

卵管は左右に二つ。排卵はどっちだ？ 精子たちは確率2分の一のバクチに挑みます。

❺卵子と出会う

卵管膨大部（らんかんぼうだいぶ）に卵子がいた！ 精子たちは我先に卵子を取り囲みます。精子が24時間、精子が3日間。（子宮内での生存期間は、卵子が24時間、精子が3日間。妊娠のためには、これを合わせた4日間にセックスをすることが必要です。ただ、排卵日を正確に予想することは、大変に難しいし、中には7日間も生存したという長命精子もいたりして、避妊も大変に難しいことになります）

64

♥♥♥ 女のコの避妊講座 ♥♥♥

よいしょっと

❻ 受精！

取り囲んで酵素を出し、卵膜をとかし、最もすばやい一人が卵子の中に頭からすべりこみをかけます。卵子はその瞬間、膜を張りその他大勢をシャットアウト。こうして4億人から選ばれた精子一名と卵子が合体し、晴れて受精卵となったのです。

❼ 受精卵は子宮へ

受精卵はさっそく細胞分裂を始め、卵管内の細い毛によって子宮内に送り込まれます。この間4～6日間かかります。

❽ 着床＝妊娠

その1～2日後、受精卵は子宮内膜（女性ホルモンたちが作った子宮内膜ベッドね）にもぐりこみます。こーしてあなたの妊娠が成立したのです。

〈妊娠週数〉

週数	月経サイクル	
0週	0～6日	ほぼ月経中
1週	7～13日	子宮はからっぽ
2週	14～20日	SEX&受精
3週	21～27日	着床＝妊娠成立
4週	28～34日	本人は気づいてない
5週	35～41日	月経がこない
6週	42～48日	産婦人科へ行く

※月経周期28日型なら少し前へ。
35日型なら少し後へずれます。

※妊娠の進み具合の目安として、『妊娠週数』があります。スタートが0週、出産臨月が約40週です。この0週はなぜか最終月経の初日から数えるので、表のように実際の妊娠成立である着床は3週、本人が気がつくころには、早くも5～6週となります。セックスライフを持ったら、月経のサイクルをよくチェックしておくこと、基礎体温も計っておくことを常々心掛けてください。

0週～11週	妊娠初期	胎児も本人もまだ不安定で、つわりのひどい時期です。
12週～27週	妊娠中期	胎盤が完成し、胎児は子宮の中に安定し、ぐんぐん成長します。おなかがふくらみ、胎動を感じます。
28週～39週	妊娠後期	胎児はひたすら成長あるのみです。見た目も堂々たる妊婦で、子宮は30cmまでふくらんでいきます。
40週前後	いよいよ出産	陣痛がはじまり、胎児が産道をくぐりぬけ出産です。平均で男児3300g、女児3100g。お疲れさまでした。

65

避妊法、あなたならどれを選ぶ？

若い女のコは、街で見かける妊婦サンたちと同じ『妊娠』を、まさか自分がするとは信じていません（あなたのことです！）。私は主婦じゃないもん。関係ないもん。

このため、セックスは一人前にしてしまうのに、肝心な避妊のお勉強はテキトーです。中には男のコに任せてヘーゼンとしてるコもいます（あなただってば！）。が、女のあなたがテキトーなら、男の彼はもっとイーカゲンです。いざという時、誰も助けてくれません。やっぱり望まない妊娠から、自分のからだを守るのは、自分しかいなかったのです。

避妊の正しい知識が必要なのは、妊娠するからだを持つ女のコです。よくよくお勉強してください。勉強したらこれこそが大切です。常に正確に、避妊を実行してください。やってみればわかりますが、この実行は実にまったく難しいものです。セックスというのは誰でも多少は舞い上がる状況です。手違い、勘違いの凡ミスのたぐいは言うに及びません。はっきり言って、ど素人のくせに（あなた方二人！）手を抜きたくなるのです。

落とし穴に絶対ハマらないよう、女のコであるあなた自身が、最もやりやすく、かつ効果の高い避妊法を選ぶことが大切です。

現在、残念ながら、100％確実で、100％安全な避妊法はありません。どれにも少しずつデメリットがあります。それぞれ、手間もお金もかかります。あなたのライフスタイル。あなたの性格、パートナーの性格、二人のライフスタイル。二人でしっかり話し合い、何がベストなのか。最後は女のコが納得できる方法に決めて、びしばし実行してください。

名称	E コンドーム P.78（男性用）
実体	（イラスト）
メカニズム	（イラスト：子宮、卵巣、精子）
	男性の勃起したペニスにすっぽり装着することで、精子を閉じ込め、女性の体内に入らないようにする。
売り場	薬局、スーパー、ネット通販。
値段	12個￥500〜2000
失敗の可能性	正しく使えず失敗するコが多い。たまに破れることが……。
長所	簡単に手に入る。STIの予防に役立つ。
短所	男性の協力がないと使えない。ついつい、避妊を男性任せにしてしまいがち。
副作用	ほとんどない。

♥♥♥ 女のコの避妊講座 ♥♥♥

A セックスしない	B IUD P.74	C 基礎体温法 P.34	D ピル P.68
セックスしなければ、精子が女性の腟内に入ることはない。	子宮内に装着し、受精卵が子宮内膜に着床するのをジャマする。	基礎体温の変化から排卵日を推定し、危険日はセックスしないか、他の避妊法を使う。	女性ホルモンの入った薬を飲むことで、排卵を止めてしまう。
ない。	産婦人科の医師に装着してもらう。	婦人体温計は薬局で売っている。	医師による診察を受け、OKなら処方してもらう。
ただ。	産婦人科の処置料として¥15000〜30000	婦人体温計1本¥900〜3000 一生使える。	日本家族計画協会のクリニックでは薬代含め初回¥7350、以後3ヵ月分¥8750程度
本人の意志しだいである。	ほとんど失敗はない。	体温の計り忘れ、計り間違い、カン違いがコワイ。	ほとんど失敗はない。
100％安全確実である。	一度装着すれば2〜5年は手間がかからない。	避妊の他に健康管理にとても役立つ。	女のコがしっかり主導権を握れる。
ヤリたい時がつらいかも。	出産、中絶経験がないと使いにくい。	毎日計らなきゃダメ。正確さにも今いち欠ける。	毎日飲まなきゃダメ。飲み忘れたらアウト。
まったくない！	月経が重くなる、不正出血、腹痛。まれに子宮外妊娠や感染の誘因に。	ない。	一時的な吐き気や不正出血。体質や年齢、持病によっては使えない。

最も確実な避妊法 ピル

●どんな

正式には経口避妊薬といい、黄体ホルモンと卵胞ホルモンが含まれた飲み薬です。ホルモンの作用で『偽りの妊娠』状態を作って排卵をストップさせ避妊します。正しく飲めば効果はほぼ100%と言われています。

●どこで

医師の指導と処方が必要です。

●それで

女のコが自分の意志と責任で、主体的に、確実に避妊できます。特に赤ちゃんを絶対産めない立場の人、パートナーが避妊に非協力的で、でもやっぱ好き、という人におすすめです。

●いくら

健康保険がきかず、自費診療なので、病院によって違います。北村先生の日本家族計画協会クリニックでは、初診時、1ヵ月分のピルが付いて、7350円（税込）。以後3ヵ月分8750円程度。

つくづく避妊は難しいから

避妊には、お金と手間とヒマがかかります。だから「しなくてすめば、したくない」と思ってしまうのが人の常です。特に男性は絶対に妊娠しないので、なかなか身を入れてお勉強してません。そのくせ、セックスの場ではいい恰好をしたいので、「俺にまかせろ」なんて言ってしまう。言ってしまうが実は言うだけ。女のコが「おまかせ」してたら、

文字どおり痛い目です。

といって日頃は避妊の研究に怠りない、しっかり者のカップルでも、いざことに及んだら、すっかり楽しく盛り上がってしまい、「避妊のことなど忘れてしまったやんけ」ということがないではない。しょせんは人間のやること。現場で100%の安全を望むのは不可能だと知るべきです。

最も確実な避妊法＝ピル

めない」「その時には人工妊娠中絶しかない」立場なら、最良の避妊法はピルです。セックスと関係なく冷静沈着な状況で薬を飲めばいいのだから、まず失敗の恐れがない。常に女のコが自分の意志と責任で確実に避妊することができます。そして避妊効果はほぼ100%と言われています。

長いあいだ日本では「副作用がある」とか「性のモラルが乱れる」とか「エイズが蔓延する」といった理由にならないような理由で、ピルは

もしあなたが「赤ちゃんは絶対産

ピルを手に入れる 北村先生のクリニックの場合

ピルを処方してもらうには、医療機関に行く必要があります。ピルが必要だと決めたのなら、どーどーと、胸を張って行きましょう。

① 助産師さんを囲んで、避妊の学習会。自分にふさわしい避妊法を考える。

② その結果、「ピル」を選択したいと思うなら

③ クリニックに予約。

④ 受付。診察カードに氏名、年齢ほか必要事項をかきかき。

世界主要国の避妊法選択 2012

国名	調査年	避妊実行率(%)	ピル(%)
日本	2005	54.3	1.0
アメリカ	2006/2008	78.6	16.3
イギリス	2008/2009	84.0	28.0
フランス	2004/2005	76.6	41.5
ドイツ	1992	70.1	52.6
イタリア	1995/1996	62.7	14.2
カナダ	2002	74.0	21.0
オランダ	2008	69.0	40.0
スウェーデン	1996	75.2	27.4
デンマーク	1988	78.0	26.0
スペイン	2006	65.7	17.2
韓国	2009	80.0	2.0
中国	2006	84.6	1.2

(United Nations: World Contraceptive Use 2012)

承認されませんでした。

でも、今は、副作用の心配が最小限におさえられた低用量ピルが、医師の処方さえあれば、だれでも使えるようになったのです。低用量ピルができた背景には、かんたんに中絶が認められない欧米で、ピルの副作用を克服してきた女性たちの熱意と苦労があるのです。

セックスは自立したオトナの二人が営むものなのに男性にまかせっきりにして、不本意な妊娠をして涙した女性は少なくありません。だからこそ、あらかじめ自分の意志で避妊にとりくめるピルに意義があるのです。

低用量ピルは、副作用がほとんどないといっても、使いはじめには気分が悪くなったり、不正性器出血や乳房が張ることもあります。でもたいていは2、3カ月で消えます。まだピルを服用しないほうがいい人もいます。乳がんや、血栓症などの病気をもっていたり、肝障害があったりで、喫煙する人です。

でも若くて健康な女性が、適切な医師の指導のもと、ピルを服用するかぎり危険は少ないでしょう。費用は保健指導料、検査料、薬代をふくめ、月3千円ていどはかかります。安いとは言えませんが、妊娠の心配は減ります。

エイズ予防にコンドームは有効ですが、避妊をふくめコンドームで一石二鳥をねらうのは反対です。女性がピルで主体的に避妊して、なおかつエイズ予防にコンドームを使う、という方法がよいセックスにつながります。

確かに、長い期間、ピルを飲み続けることはたいへんな負担です。しかし、あなたがた若い世代にとって望まない妊娠と、そのあとの中絶が心とからだにどんなに過酷か！自分を守るために、ピルは必要な薬だと思います。もしパートナーと定期的にセックスするのであれば、ぜひ真剣に考えてください。

男のコとピル

さて、ピルで避妊する時も、パートナーをほっておく手はありません。女のコが避妊について責任を持つということは、女のコの立場と意見を尊重するという意味であって、男のコは何もしない、無責任でよいなんてワケは断じてない。

セックスは二人の問題ですから、当然避妊についても二人で話し合い、「じゃ、ピルを試してみようか」「うん」となるのが正しい手順です。病院へもできるだけ二人で行く。薬の作用について女のコのからだを思いやるくらい、パートナーなら当たり前。ピルの飲み忘れがないよう、さりげなく注意する心配りも欲しいところで、基本的に、「二人のためにピルを飲んでいただいてる」という地味めな態度が好ましいものです。

もし、てめー一人がラクをしたくて、ピルを無理やり飲ませたがるみたいな下心がみえみえだったら、あなたがたピルを飲む前に、つきあう価値ある男かどうか、考える方が先かと思います。

⑤ 身長、体重、血圧測定。

⑥ 診察室で、北村先生とお話。あなたにとってピルがふさわしい避妊法かどうか、あなたのからだに合うかどうかを、じっくりアドバイスしてくれます。セックスの頻度が月に一度ぐらいで、パートナーの協力が得られるなら、コンドームの正しい使用をすすめられることもあります。

・ピルの利点と問題点について
・セックスの経験、頻度
・本人や家族に、ピルに向かない病歴はないか
・薬にアレルギーはないか
・喫煙は？（ピルとタバコは相性が悪いので、ピルを飲むならタバコはやめましょうネ）

ピルの疑問に答えるQ&A

Q なぜピルをのむと妊娠しないの?

ピルは、卵巣から分泌されている卵胞ホルモンと黄体ホルモンと同じものが、化学合成されている。だからピルを服用すると、血液中のこのふたつのホルモン濃度がたかまり、妊娠中に近いからだの状態になるんだよ。

脳は妊娠したかと錯覚して、視床下部や下垂体からのホルモン分泌を停止する。つまりピルは、妊娠中は排卵がおこらない女性のからだのしくみを利用して、妊娠するのを防いでしまう薬なんだ。

Q ピルの避妊効果はどのくらいあるの

正しく服用すれば、効果はひじょうに高い。指示どおり飲み忘れなく服用したら、妊娠する確率は0.1%（1000人の人が1年間飲み続けてひとり妊娠する）。

でも飲み忘れした人を含めると妊娠率は5%と推定されている。飲み忘れしないことが大切なんだ。

Q ピルの種類は?

日本では16種類の低用量ピルが承認された。

おおきくわけて、ホルモン剤を21日間続けて飲んで7日間休養する21錠タイプと、7日間は偽薬（プラセボ）を飲む28錠タイプがある。

さらに一相性ピルと言って1錠中にふくまれる女性ホルモンの量が21日間変わらないものと、数日ごとに女性ホルモンの配合が変わる段階型ピルがある。

どれにも一長一短あるが、どれにも避妊効果はある。

Q ピルはどこで手に入るの?

低用量ピルが承認されたから、かんたんにドラッグストアで手に入ると思っている人がいるが、それはまちがい。ピルは医師の処方箋が必要だ。

何科でも、処方してもらえる。ただし、一般に思春期以降の女性には処方していいことになっている。医師には患者に対する守秘義務があるので親に知らせることはないよ。

Q 費用はいくらくらいかかるの?

日本では避妊の指導と処方は病気の治療と認められず、健康保険の適用がされない。保健指導料、検査料、薬代を含めて、おおよそ月3千円程度かかる。

かどうか検査してもらえる医療機関のほうがいいだろう。

Q 親にないしょで手に入れたい

こういう相談は多い。でも、みんなの親と同世代の僕としては、ぜひ、一度親とざっくばらんに彼とのことを話してみてほしいと思う。彼とのセックスを親にかくしてうしろめたさを感じているんじゃないかな？

しかし、どうしても親に話せないなら、医療機関をたずねてみてごらん。一般に思春期以降の女性には処方していいことになっている。医師には患者に対する守秘義務があるので親に知らせることはないよ。

---

⑦問診の結果、先生が必要を感じたら、子宮と卵巣の形や大きさを診ることもあります。

⑧希望者は、STIのうち、頻度の高いクラミジアと淋病の検査も受けられます。（ただし費用は別途、請求されますが）

⑨一周期（21錠または28錠タイプ）分のピルを渡されます。ここでこの日の診療は終わり。

⑩翌日から基礎体温を計り、排卵の有無を確認します。

⑪普通のタイプは、月経の初日からピルを飲み始めます。

⑫サンデーピルのタイプは、月経後、最初の日曜日から飲みはじめます。これだと、3週間飲み終ったあと、2～3日で月経がくる＝その次の土日には、まず月経が終っている＝これで週末デートには、心おきなくセックスができる！ということから、ひそかに人気を呼んでいたりということなんだ。

♥♥♥ 女のコの避妊講座 ♥♥♥

Q ピルの正しいのみかたは?

低用量ピルは「月経の第一日目」から飲みはじめるのが原則。でも月経が始まった最初の日曜日から飲む、サンデーピルもある。

毎日、決まった時間に飲む習慣を身につけよう。飲み忘れが24時間以内なら、気づいた時点で1錠、さらに予定時刻に1錠飲む。でも、24時間以上忘れたら、ピルを飲むのをやめて、セックスを避け、次の月経を待って飲んで、ピル以外で避妊すべきだ。

Q ピルを飲んでも月経はあるの?

普通ホルモン剤をふくむ21錠を飲み終わった2、3日後に月経がある。ピルの飲みはじめに月経と月経のあいだに出血することがあるけれど、避妊効果には影響がない。

逆に、まれに月経がないこともあるが、正しくピルを飲んでいれば妊娠していることはない。

もちろん、ピルを飲むのを中止すれば妊娠できるだけでなく、妊娠しやすくなる。

Q 副作用はなにかあるの?

飲み始めは、軽い吐き気や頭痛、乳房の張りなどを感じる女性がいるけれど、だいたい3ヵ月ぐらいでほとんどの人が治まるよ。

極めてまれに血栓症といって、血管の中に小さな血の固まり（血栓）ができ、血の巡りが悪くなる病気を起こすことがある。その血栓が何かのはずみで肺動脈に詰まってしまい、呼吸困難で死亡した例も報告された。滅多にないことだけど、万が一強い腹痛、胸痛、頭痛、ふくらぎ痛、視覚障害を感じたら、病院に連絡しよう。

Q じゃあ、ピルのメリットはなあに?

まず月経が軽くなること。月経は子宮内膜がはがれ落ちて起こる現象だけど、ピルに含まれる黄体ホルモンの作用で、子宮内膜が厚ぼったくならないから、出血量が少なくない。月経痛や不快感もグッと抑えられるし、貧血の予防にもなる。ピルは月経前症候群や月経困難症（→P.132）、子宮内膜症（→P.75）の治療薬としても使われているんだよ。この場合は健康保険が適用される。

月経のスケジュールを自分でコントロールできることも大きい。ピルを飲むタイミングを計算すれば、期末テストや修学旅行、部活の大事な試合などと月経がぶつからないようにできるんだ。便利だね。

ホルモンのバランスが整うことから、ニキビが減った、肌がキレイになったというコもいるね。さらにピルを長期にわたって飲んでいた女性は、将来子宮体がんと卵巣がんにかかるリスクが下がるという臨床データもある。

Q ピルを使って心配なことは?

エイズをはじめSTIが若い人のあいだでひろがっている。クラミジア、淋病、性器ヘルペスなどの性感染症には、予防が大切だ。心配なときにはピルを飲んでいても、コンドームを使うこと。

避妊も性感染症予防も、きちんと自分の責任で実行できなくちゃ、セックスする資格はないゾ。

⑬ピルを飲み始めてから2週間程度で診察を受けます。

⑭ピルを飲み始めて2週間ぐらいは、個人差はあっても、どうしても不正出血や吐き気のトラブルがあるので、その程度によってはピルの種類を変えることもあります。OKならば3周期分のピルをもらいます。

⑮このあと、3周期あるいは6周期飲み終わるごとに、また近況報告をします。せっかくなので、クリニックにいって、ときどきは⑧のSTI検査や、若い女性でも子宮頸部や乳がんの検査も受けてみてはいかがでしょう。（ただし費用は別途、請求されますが）

「1回100円ピル貯金」とゆーと、高いですか？それとも安く感じますか？でも望まない妊娠から確実にからだを守れることを思えば、高くないし、先生とのいいコミュニケーションは、健康管理にも役立ちます。

ピース!!

知らないのは愚か 緊急避妊法

●どんな

黄体ホルモンを主成分とした飲み薬です。ホルモンの作用で、妊娠の成立を妨げます。

●それで

避妊に失敗したセックスから、72時間＝3日以内に服用します。

●どこで

医師の指導と処方が必要です。処方箋なしに薬局で手に入れることはできません。現在、多くの産婦人科医療機関が対応してくれますが、心当たりがない場合は日本家族計画協会の相談窓口（→目次）に問い合せを。

●いくら

自由診療なので医療機関によって違うのですが、北村先生のクリニックでは、緊急避妊薬＋低用量ピルワンクール分のセットで1万5千円（税別）。なお、レイプなどの犯罪被害のために服用が必要な場合は、警察に届けることで公費負担の制度を利用できます。

避妊のための最後の砦

「破れてるッ!!」「はずれてるッ!!」

ことを終え、おもむろにコンドームの始末に取りかかった瞬間、滴（した）る精液に絶望の悲鳴をあげた経験はありませんか？ あるいはその場の勢いで、鼻息荒く避妊なしのセックスをしてしまい、我に帰って深い深い後悔に苛（さいな）まれる……。

こんな時「どーか生理が来ますようにッ‼」と神仏におすがりしても、望まない妊娠を回避することはできません。あなたの取るべき道はただ一つ。一刻を争って産婦人科を受診し、「緊急避妊法」の指導と薬の処方をお願いすることです。別名を性交後避妊、モーニング・アフターピルとも呼ばれています。

医療機関では、産婦人科医師による問診と、場合によっては超音波や内診で子宮と卵巣の状態を確認したあと、問題がなければ黄体ホルモン（レボノルゲストレル）を主成分とした錠剤を渡されます。これを1錠、避妊に失敗したセックスから必ず**72時間＝3日以内**に、コップ一杯の水かぬるま湯で、ぐいっと飲んでください。

この緊急避妊薬によって、およそ90パーセントの確率で、妊娠を阻止することができます。黄体ホルモンが働き、排卵を抑えたり遅らせたり、受精卵が子宮内膜に着床するのを妨げたりするからで、一発逆転で「なかったこと」にする瀬戸際の避妊法ですね。「中絶薬」とは本質的に違うものです。受診時点ですでに妊娠が成立していたら、それを取り消すことは残念ながら不可能です。

なお、服用によって軽度の吐き気や頭痛などを訴える女性がいますが、一過性で治まるはず。また、薬の作用は3～4日もすればゼロになるので、将来の妊娠出産に影響があるというような心配はまったくありません。

服用後の注意点

緊急避妊法によって、今回の妊娠を回避できたかどうかは、月経の再来（正確には薬による消退出血）の有無で判断します。再来までの期間は、緊急避妊法を行ったタイミングと月経のリズムとの関係で大きく異なり、早ければ2～3日。遅いと3週間程度と幅があるので、慌てず焦らずに待ちましょう。そして医師に指定された次回受診日は必ず守ること。それまでに出血があっても、月経とは異なる不正出血かもしれず、妊娠の可能性を否定しきれないからです。

一方、心していただきたいのは、緊急避妊法はあくまで「避妊に失敗した」直後からのセックスと避妊です。緊急避妊法だと騒いでい

❤❤❤ 女のコの避妊講座 ❤❤❤

　今回のセックスに限り効力を発揮するもの。「避妊薬を飲んだから、しばらくはナマでヤッテも大丈夫なんじゃね?」と考えるのは大間違い。むしろ薬で遅らせた排卵と、その後のセックスのタイミングがどんぴしゃで合ってしまい、妊娠する可能性大なのです。
　おすすめは、緊急避妊法の翌日から経口避妊薬＝低用量ピル（→P.68）の服用を始めること。医師に相談すれば、同時に処方してもらえます。ただ、これとて服用開始から7日間は妊娠の可能性アリ。7日ぐらい、少しは懲りて身を慎めよと言いたいところですが、ガマンの効かないカップルであれば、コンドームを慎重に併用するしかありません。
　妊娠経験（中絶や出産経験）のある女性の場合は、銅付加子宮内避妊具（→P.74）を活用して、緊急避妊法の段階からそのまま長期間、検討してください。
　月経が再来し安堵した後は、改めて今後の避妊法を確認します。すでに低用量ピル服用を始めているなら、その継続が第一選択肢でしょう。
　一番困るのは、緊急避妊法を実行できますめ、いざとなったらこの手があるさと無防備なセックスを繰り返すこと。頻繁に頼ると、そのたびに消退出血が起こるので、貧血そのたでからだに負担をかけるのも愚かしく、毎回1万5千円の出費というのも愚かしく、それでピルなら5ヵ月分、コンドームなら15ダースは購入できると肝に銘じてください。

オトナの女性の避妊法 ─ IUD

●どんな
子宮内避妊具とも呼ばれます。子宮の中にポリエチレンなどでできた器具を装着し、主に受精卵の着床を防ぐ避妊法です。きちんと装着できれば5年間はそのままでOKです。

●どこで
産婦人科に行き、医師の手で装着してもらいます。薬局では売っていません。

●それで
基本的に出産、中絶経験のある女性向けです。妊娠経験がないと子宮口が開きにくく、挿入に痛みを伴うので難しいのです。将来的には役立つはずなので、ご紹介しておきます。

●いくら
子宮内避妊具の種類によりことなります。健康保険は適用されず、3～8万円と高額で、この点からもオトナの女性向けでしょう。

小さな器具を子宮に入れ妊娠のジャマをする

IUD＝子宮内避妊具とはポリエチレンなどでできた専用の医療器具。T字や魚の骨（FD-1。写真左。基本のIUD）みたいな形をしていて、サイズは郵便切手より一回り小さいぐらい。産婦人科を受診して、細いアプリケーターを使って、子宮の中に挿入・装着してもらいます。そのために子宮口を開く必要があるので、中絶や出産の経験があって、子宮口が開きやすくなっているオトナの女性向けの避妊法です。

子宮の中に異物を入れると、避妊効果があることを発見したのは、紀元前4世紀のギリシャで、医学の基礎を築いたヒポクラテスと伝えられています。実験の対象はラクダだそうで、砂漠の長旅の途中、荷物を運ぶラクダが妊娠され、困った商人が相談したのかもしれません。近代医学で安全な子宮内避妊具の処置がはじまったのは、1920年代です。

IUD挿入による避妊のメカニズムは、正確にはわかっていなくて、一般に受精卵が子宮内膜に着床するのをジャマするといわれています。まあ、異物を入れっぱなしにされるストレスで、子宮がやる気をなくす、妊娠を

IUDが子宮に入っている状態

受精卵が子宮内膜に着床するのを妨げる

サボるということなのでしょう。
女性が自主的に避妊できて、かつ避妊率は95％以上とバッチリ。なにより一度装着してしまえば、何もしないでセックスできる！というお手軽感がウケており、ピルをついうっかり飲み忘れる、といううっかり屋さんには便利この上なし。挿入には月経が終わってすぐが適しており、特に問題がなければ5年ごとに入れ替えてください。

緊急避妊法（→P.72）として、避妊に失敗したセックスから120時間以内に装着してもらえば、緊急避妊薬の服用と同様に、妊娠を回避することができます。

• • ♥ 女のコの避妊講座 ♥ • •

効果の高い銅付き

IUDの一部に銅のコイルを巻き付けたタイプです（ノバT。写真右）。放出する銅イオンには、精子や卵子の活性を弱めたり、受精卵の着床を妨げる働きがあるので、従来のIUDより避妊効果がアップ。器具自体のサイズを小さくすることができました。

銅はナッツ類やココア、牛や豚のレバー、牡蠣などに含まれる微量栄養素＝ミネラルで、不足すると貧血になってしまうなど、からだにとって有用なもの。毒にはなりませんから、心配は無用です。

もっと効果が高いホルモン入り

IUDに、緊急避妊薬と同じ黄体ホルモン（レボノルゲストレル）をセットしたタイプです（ミレーナ。写真中央。IUSともいう）。少しずつホルモンが放出され、子宮の毛細血管から吸収されます。ホルモンの作用で、受精卵のベッドである子宮内膜が薄くなるため、極めて着床しにくいという利点があるのです。ピルとIUDの合体バージョンといってもよいでしょう。子宮から分泌される子宮頸管粘液の性質も少し変わるため、精子が子宮口から入りにくくなる作用もあり、銅付き以上に避妊効果がアップします。

また口から飲むピルは、腸から吸収されたあと肝臓を通るので、肝臓の病気がある人やタバコを吸う人は服用することができませんが、ミレーナならOKです。

避妊以外の効果として、子宮内膜が薄くなることから、それがはがれ落ちて起こる月経がすごく軽くなります。月経痛がヒドい、過多月経、子宮内膜症でツラい方の治療にミレーナを活用する医療機関もあるほどです。

副作用として、軽い下腹部痛や不正出血を訴えるケースが。また、妊娠経験があっても、子宮や卵管に炎症性の病気があったり、大きな子宮筋腫があったりすると装着できません。

知っておきたい子宮の病気

子宮内膜症

子宮の内側を覆う子宮内膜は、毎月、受精卵の着床に備えて厚くなり、妊娠しなければはがれ落ちて月経となります。

ところが、子宮の筋肉層の中や子宮の外側、卵巣、子宮と直腸の間など無関係なところまで「内膜」が移植され、月経のリズムに合わせて増殖したり出血したりすることがあります。これが「子宮内膜症」という病気です。内膜の絶対量が増えるのですから、月経血の量もハンパなく増え、腹痛・腰痛・頭痛もずーんと重く、寝込んでしまう人も珍しくありません。

20〜40代の女性に多い病気ですが、10代の女のコにもときどき見つかるので、月経がツライと思ったら、早めに産婦人科で調べてもらいましょう。将来、赤ちゃんのできにくくなる不妊症の原因になる場合もあります。治療法は、若い世代なら低用量の女性ホルモン剤の服用がもっとも手軽で、確実（→P.68）。この場合は健康保険が適用になります。

子宮筋腫

子宮の内側や外側に、良性の腫瘍（コブ）ができる病気。小さいのがポコポコできたり、大きいのがどーんとできたりいろいろですが、がんになる心配は無用。できる場所によっては、過多月経や不妊症の原因になることがあります。30歳以上の女性に多く、

歴史に消えた伝説の避妊具たち

避妊法にもトレンドがあり、かつて一世を風靡したにもかかわらず、近年の販売不振でメーカーが撤退した避妊具がいくつかあります。どれも女性が主体的に使えるタイプで、中でもペッサリーは、女性の地位がまだまだ低く発言権がなかった時代に、お祖母ちゃんや曾祖母ちゃんたちを、望まない妊娠・出産から守ってくれました（涙）。人それぞれ、好みや立場が異なるので、避妊法の選択肢は多いほどよいのに、残念なことです。ただ海外では根強いファンがいて、みんな現役続行中ですから、留学の折などに出会うかもしれません。グローバルな愛を育んでくれるかも♡なので、この機会に知っておきましょう。

女性用コンドーム

避妊具の中で唯一性感染症予防に役立つコンドーム。男任せにしていては健康を守れない！と女性用が開発され、日本では2000年に販売が開始されました。女のコが事前に膣内に装着して使います。素材は軽くて丈夫な医療用ポリウレタンで、破れる心配ナシ。外リングも腟口周辺をカバーして脱落の失敗ナシ。内リングのおかげで脱落の失敗ナシ。外リングも腟口周辺をカバーしているのですが、いかんせん3個1200円、1回ごとの使い捨てと値段が高かった。また、従来の男性用コンドームと比べると見た目のサイズがデカく、草食系男子が思わずビビったとも言われ、それも敗因の一つでしょう。需要が伸びないまま、11年に日本市場から姿を消してしまいました。

殺精子剤

読んで字のごとく精子をコロす薬です。かつてはゼリータイプ、フィルムタイプ、錠剤タイプとバリエーション豊富。ペニスの挿入前に薬を膣に入れておき、膣分泌液で薬が溶けて、膣全体に行き渡ったタイミングで射精をすると、高い避妊効果が得られます。ただ射精が早過ぎて薬が十分効かなかったり、遅過ぎて薬が流出したなどが原因で失敗するケースが散見され、万全を期するならコンドームとの併用がベスト。双方の短所を補完して活用する熱心な支持者がついていました。しかし主成分の界面活性剤が環境ホルモンとの風評が立ち、ゼリーは1999年、フィルムは2001年に製造中止。錠剤もそのあおりを食って11年に命運が尽きたのです。

ペッサリー

スプリングの効いたコイルの輪っかに、ゴムのお椀をかぶせたフタ状の避妊具。女のコが自分で腟内に挿入し、子宮口をおおって精子が子宮内に侵入するのを防ぎます。男性の協力がゼロでも確実に使えるツールということで、第2次世界大戦後のベビーブーム時代に、助産婦（当時）さんたちが啓発に努めたことから、当時は隆盛を極めました。しかし、子宮口の大きさに合わせてサイズを選んでもらう必要がある上、装着にもコツがあって、助産師さんとじっくり練習しないと使いこなせないなど、忙しい現代女性はしだいに敬遠。おまけにペッサリーを作る職人さんが高齢化し、伝統のワザが途絶えるに至って絶滅のやむなきに至りました。

♥♥♥ 女のコの避妊講座 ♥♥♥

使い方

❺装着完了。外リングが腟の入り口周辺をおおうので、STI感染予防効果が高まる。射精後は精液がモレないよう、取り出す。

❹リングが8割方入ったら、一度指を抜き、今度はコンドームの中側に人差し指を入れて、内リングを子宮口まで押し入れる。

❸❷の状態のまま手のひらを上に向け、もう片方の手で腟の入り口を広げながら、挿入していく。

❷内リングに人差し指を添え、親指＆中指ではさみ、細長くする。

❶個別包装から取り出すと、こんな形。内リングは腟の奥に固定するために。外リングは腟口周辺を守りつつ、ペニスの入り口に。

（外リング／内リング／底部）

使い方（錠剤の場合）

❶初心者の女のコは、まず腟に自分の指を入れて、子宮口の位置を確認。ちょうど鼻の頭ぐらいの硬さだから、すぐわかるよ。

❷錠剤を1個指ではさんで腟に入れ、さらに一番長い中指で錠剤を腟の奥までしっかり押し込む。

❸錠剤が腟分泌液でしっかりとけるまで、5分ほどかかる。それまでペニスの挿入・射精はガマン。

❹射精を終えたあと、殺精子効果が落ちないように、ビデなどで洗浄しないこと。

❺2回戦に進むときは、再度錠剤を追加する。

※殺精子剤には、STIのバイキンを殺すパワーはありません。

（ケッ こんなの）

使い方

❶まず腟に指を入れて自分の子宮口を確かめる。ちょうど鼻の頭の固さぐらいの部分。

❷ペッサリーの両面に潤滑ゼリーをぬりぬりする。親指の頭ぐらいの分量。

❸ペッサリーの両側に人差し指と中指を添え、親指と薬指で細長くなるように挟んで持つ。

❹ペッサリーのふくらんだ側が自分の背中側になる向きにして、腟に挿入する。この時反対の手もペッサリーが出て来ないよう添えると楽。

❺さらに人差し指で、できるだけ奥に入れる。

❻入ったら、人差し指で恥骨の裏のくぼみにひっかけ、ペッサリーの上から子宮口が確認できればOK。

❼はずすのはセックスが終わって8時間以上たったあと。精子が全員死んでから。ペッサリーのコイルに人差し指をひっかけて、ひっぱり出す。

❽はずしたあとはぬるま湯でよく洗い、陰干しする。2〜3年使えて安上がり。

女のコこそ知っておきたいコンドームの基本

……〈女のコのコンドーム研究〉……

❶ 女のコが買いに行く

うーんどれにしよ

❷ 箱の裏を見てみると

コンドームは厚生労働省が薬事法により品質や安全性を管理し、厳重な検査済み。日本のコンドームは世界で一番優秀で、各国に輸出されてるんだ。安心して使おう。（メーカーによってはJISマーク＝日本工業規格がついてるけど、ついてなくても厚生労働省の許可番号があれば大丈夫だよ。

ラテックス製コンドーム
日本工業規格番号
……JIS T9111
許可番号……3870
医療用具許可番号
……茨用48

❸ 出してみると

精液だめ
くるくる外側に巻いてある。

コンドーム

❹ 伸ばしてみると

精液だめ ここに男のコの精液がたまる

素材 ラテックスゴム。ラテックスはゴムの木からとれる天然ゴムの材料。合成ゴムより丈夫で伸びが良い。つまり本物だってこと。

厚さ 0.02～0.05mm。薄くって使用感が少ないんだ。

長さ 精液だめを除いて15cm以上。これも規格で決まってる。

色 ピンク、ブルー、グリーン、パープル、ブラックと、とてもカラフル。彼のペニスをしっかりとラッピングしよう。

●どんな
ラテックスゴムでできた、とてもストレッチ性のあるサックです。男のコの勃起した、ペニスにすっぽりかぶせ、女のコの膣の中に精液が入らないようにして避妊します。

●どこで
薬局、スーパー、コンビニなどで売られています。手軽に手に入るのが大きな特徴です。

●それで
パートナーの協力がないと使えないという大きな欠点があります。

●いくら
12個500円～2000円。

コンドームの大誤解

コンドームはしばしば『男性用避妊具』と呼ばれます。確かに唯一、男のコの協力が必要な避妊法で、女のコの力だけではとうてい無理です。

が、『男もの』と決めつけてしまうのは、いかがなものか。彼が一人でつけて、どーなるどーするずりゃいいんだ。二人で使って初めて価値あるコンドームです。これからは『二人のための避妊具』と正しく呼んであげましょう。

78

・・♥ 女のコの避妊講座 ♥・・

男が付ける→男が使う→男が避妊する
→避妊は男がする→避妊は男にまかせる
→女はカワイク言うがまま

コンドームを『男もの』と、カン違いしたばっかりに、日本のカップルは、いつしか『男まかせ』パターンにはまってしまいました。しかし繰り返しますが、これでいつまでたっても、女のコが望まない妊娠から自分を守ることはできません。守れない使い方じゃ、コンドームは輪ゴムにも劣るって。

まず、コンドームの予習レッスン

『二人で使う』とわかってみれば、主役はやっぱり、妊娠するからだを持つ女のコです。当然、セックスの前に予習ぐらいはしていただきたい。特に「やっだー、見たことない」「うっそー、自分で買えない」あなた、今すぐ買いに行きましょう。そしてイラストを参考に、しみじみ研究しといてください。

コンドームは何を隠そう『医療用具』。パッケージの裏には製造許可番号と使用期限が載っています。日本の厚生労働省の堂々のお墨付きを恥ずかしがってちゃ失礼というもの。きちんと気持ちの通じ合ってるパートナーなら「女のコが持ってるなんて、詳しいなんて、遊んでる証拠」とは決して思いません。思うような関係なら、そっちの方が大問題です。

❺ ひっぱってみると

ともかくやたらと伸びる。約6倍！だからこそ、ペニスによくフィットするわけ。サイズに神経質にこだわらなくても大丈夫。

❻ ふくらませてみると

風船にしたら、空気30ℓはいるって。水でも一升びん4本分だ。試してみる。

❼ 脱落防止バリエーション

フィット感をよくするため、いろいろな模様がついている。この加工にお金がかかるので、コンドームの値段が違う。

❽ 精液の逆流防止バリエーション

コンドームから精液が漏れたら最悪。段々をつけたり、根元を細くしたり、メーカーも工夫してるよ。

❾ ゼリータイプ

スムースにインサートできるようゼリーが塗ってあるものも。

❿ 賞味？期限

20度ぐらいの室温で保存したものなら7～8年もつんだって。でもゴムだから、直射日光、湿気、ナフタリンに弱い。安売りしてても、使い切れないほど買わないことね。

絶対に失敗しない！コンドームの実践

コンドームは甘くない

「つけりゃーいい」ように見えますが、コンドームによる避妊は実際とても難しいものです。30代・40代のベテランでさえ、失敗率は20％以上（100人の女性が1年間にコンドームを使って失敗する率）。

初心者でしかも絶対赤ちゃんの産めない女のコに、とてもじゃないけどすすめたくない。

しかし数ある避妊法から、何をどう選ぶかは、そのカップルのライフスタイル次第です。セックスの回数が1年に1度、せいぜい2度となれば、毎日毎日ピルを飲む気にはなれないでしょう。IUDも妊娠経験のない女のコには無理がある。となれば、現実問題として、コンドームのお世話になる女のコは多いはずです。さあ、ここからが女のあなたの正念場です。

コンドームの必勝五原則

❶コンドームをいつでも必ず使う
時々オギノ式（→P.85）の危険日だけコンドームで避妊する、あとはしない、という危険な怠け者がいます。オトナたちの失敗例

〈コンドームの正しいつけ方〉

❶精液だめを軽くひねって、空気をぬく。

❷勃起したペニスの頭に、表裏を間違えないようかぶせる。

❸ペニスの頭を軽くおさえ、反対の手でコンドームを巻きおろしていく。

❹根元までしっかりおろして完了。ヘアが入り込んだり、ペニスの包皮がたるまないように注意して。

ドキュメント
コンドームから逃げる精子たち

♥♥♥ 女のコの避妊講座 ♥♥♥

もほとんどがこの油断で掘った墓穴です。まして月経の不安定な思春期に、オギノ式危険日・安全日など何の役にも立ちません。基礎体温法で割り出した安全日だって、計り間違いはありえます。いつでもどこでもコンドームです。

❷コンドームを正しく使う

コンドームは、あなたが考えているより、ずっと手ごわい避妊具。ちょっとでも手順が狂うと、精子たちはゾロゾロ逃げ出します。下段のこわーいイラストドキュメントを、身にしみて眺めてください。

・正しくつける。
・正しいタイミングでつける。
・正しい後始末をする。
・正しい商品をつける、がポイントです。

❸破れたら緊急避妊法を

取扱いに注意したつもりでも、コンドームが破れた、抜けた、膣内に置き去りにしてきたといった突発事故が起きることが。72時間以内に産婦人科に駆け込み、緊急避妊法（→P.72）の処置をお願いしましょう。

❹女のコが主導権を握る

避妊はすべてそうですが、コワいのは気の緩みによる失敗です。そして妊娠しない男のコのほうが緩みやすいのは言うまでもありません。毎回、初心にかえって手順その他をチェックするのは、あなたの仕事です。

ギリギリまでつけなかった

コンドームをつけるタイミングなんて、ペニスにつけるタイミングなんだ。一番大切なのは、ペニスの初めっからつけてくれ。

僕たちの仲間には、気の早いヤツ、手の早いヤツが大勢いて、男のコの射精本番前に、ペニスから漏れ出している。この油断で失敗するカップルがものすごく多い。男のコ本人には自覚がないので、「少しストレートで楽しんでから」なんて言い出すことがあるけど、女のコは絶対許しちゃいけないゾ。

十分ペニスが勃起してない

といって、早くつければいいってもんじゃない。ペニスが十分勃起してないと、コンドームはうまくつけられない。無理につけても、途中で抜けたり、ズレたり、の大惨事につながる。なんたって男のコのピストン運動はハードだぜ。

破れた！

コンドームの先端の精液だめに空気が入ったままだと、パーン！途中で破裂してしまう。使用説明書をよく読んで、正しくつけよう。

コンドームの2枚重ねも、裏目に出る。2枚がこすれて、かえって破れる危険大。マヌケな話だ。

あと、ツメの長い女のコ、ひっかからないよう注意のこと。

STIからからだを守るコンドームの役目

❺パートナーを再チェックする

コンドームは『二人のための避妊具』です。従って、一緒に使う相手を選び間違っていたら、今までの勉強・努力はすべて水のアワ。正しく使う最後の砦は、彼の人となりです。コンドームをつけるのは、男性にとって必ずしも快適なことではありません。セックスの途中でインターバルをとる必要だってある。このため誠意に欠ける男の場合「メンドー、シラける、感度がニブる(→P.86)」この三大セリフでなんとか腟外射精で妥協にもち込もうとたくらみます。

え～い、うるさい、見苦しい。メンドーならばズボンもパンツも脱ぐんじゃない！と女のコにとってとてもつらく悲しいことです。まあ、こんな感じで、きっぱりセックスをお断りしてください。

コンドームにふさわしいパートナーとは、妊娠を心配しながらセックスをすることは、女のコにとってとてもつらく悲しいことです。「君と一緒に避妊ができて、僕は嬉しい。力を合わせて一致団結、ガンバロウ」ときっぱり言える男のコ。『二人のための避妊具』は、本来、二人のパートナーシップをしみじみ高めてくれるはずのものです。"感度"だって、二人の心が寄り添う時、初めて素敵なものになるんです。

避妊は愛情と信頼の証し。愛のないコンド

即、後始末をしなかった

射精後、ペニスはすぐ小さくなる。つまり、コンドームがゆるゆるになる。余韻にひたっているスキに、僕たち精子は逆流して、腟の中にあふれるゾ。射精後は、すぐペニスの根元を押さえ、コンドームがずれないよう、スムーズに抜いて始末すること。

なお、使用後のコンドームは、精液がこぼれないよう、首を一ひねり結び、ポリ袋に入れて捨てる。間違ってもトイレなんかに流すなよ。

そのまま眠ってしまった

後始末どころか、そのまま二人で朝まで眠ってしまい、コンドームを腟の中に置き去りにする事故がある。お酒を飲んだ時は特にアブナイ。もちろん避妊効果は全く0！さらに女のコがそれに気づかないまま数日たつと、コンドームに雑菌が繁殖して、異物性の腟炎を起こすことさえある。シャレにならないぜ。

♥♥♥ 女のコの避妊講座 ♥♥♥

―ムは輪ゴムに劣るって。

STIとコンドーム

コンドームには二つの使命があります。一つはもちろん避妊に役立つことですが、もう一つはSTI＝性感染症（→P.110）の感染予防に役立つことです。それで一昔前には「衛生サック」などとも呼ばれました。正しく使えば、完ペキではないまでも、STIから、からだを守ることができます。男性にとっても女性にとっても同じことです。

セイフ・セックス。コンドームを使った、安全なセックスを心がけなければならない時代です。女のコがコンドームを持つことは、少しも恥ずかしいことではありません。多くのSTIは母子感染を起こすことからも、女性にとって、より深刻です。STIを防ぐには、セックスの時、必ず挿入の最初から、きちんと使うことです。アナルセックスやオーラルセックス（→P.118）＝口腔性交の場合にも必ず使うことが大切です。特に「口は第二の性器」と言われるぐらい、喉の粘膜は感染しやすく、かつ細菌やウイルスがウヨウヨ繁殖しやすい場所。オーラルセックスは妊娠の可能性がないので、なかなかコンドームを使う習慣が定着しません。このためフェラチオやクンニリングスがSTIの大きな感染源となっています。十分注意してください。チョコやバナナやイチゴ味のコンドームもありますから、試してみてはいかが？

2回戦の時、油断した

1回戦の精子のうち、ズルがしこい仲間はこっそりペニスの尿道あたりに潜んで、次のチャンスを狙っている。2回戦にトライするなら、これも挿入の初めからコンドームをつけること。ストレート厳禁。

それと！ 2回戦の精液は薄いから妊娠しないなんて説は大うそだ。僕たち精子はいつでも億単位で行動している。

粗悪品を使ってしまった

コンドームは必ず、製造特許番号の入った、一流メーカー品を使って欲しい。雑貨屋さんやHなお店には、無認可の輸入品やオトナのオモチャが混ざってる。避妊の役には立たないぞ。それに騙されるほど、僕たち精子は愚かではない。

フェラでも使う

STIのバイキンがペニスの内部に住みついている、精液と一緒に飛び出してくるぞ。コンドームなしの女のコのフェラだと、バイキンは女のコの喉の粘膜（口腔性交）だ。その女のコのフェラで、別の男の粘膜にも感染が広がったりするから、顔射で精液が目に入れば、目の粘膜がアブナイ。オーラルセックスの時も、STIへの油断は禁物。必ずコンドームを装着しよう。

カン違いが招く妊娠 女のコたちの後悔編

1回ぐらい大丈夫のカン違い

排卵は月経と月経の間に1回ある。と書くと、「なーんだ1回か。なら1回ぐらいセックスしても平気よね」「そーよ。今まで妊娠したこともないもんね」と言い出す、ノーテンキな女のコがいます。

これをセックスのロシアンルーレットと呼びます。

初めの一発が命中するのか、最後の一発がアウトなのか、分からないけど、分からないから命取りです。避妊なしのセックスほど、女のコに分の悪い、危険なバクチはありません。結局ずるずる妊娠するまでやっちゃうんですから、負けるに決まっているでしょう。

月経中は大丈夫のカン違い

月経周期が28日以上で、カンペキに安定したオトナの女性なら、月経初日から5日間は一応安全日と言えるでしょう。

しかし時は思春期！ ホルモンのバランスも、心の

バランスも、からだのバランスも、いつコロブかわかりません。セックスの刺激で排卵が即起こることが十分考えられます。また、「子宮の中で7日間生き続ける精子もいる」という学説もあります。若いパートナーの精子はものすごーく元気かもしれません。いつどんな状況でも、避妊を忘れてはいけないのです。

妊娠しにくい体質のカン違い

まず「私は月経不順だから妊娠しにくいの」はとんだ誤解です。月経が不規則＝排卵が不規則。つまり、いつ排卵が起こるか分からないのですから、いつ妊娠するかも分からない。当然あなたに安全日はありません。常に、確実に、完ペキに避妊を実行してください。

続いて「まだ無排卵と診断された

♥♥♥ 女のコの避妊講座 ♥♥♥

オギノ式のカン違い

荻野学説とは、本来『排卵日は次回月経の12〜16日前である』です。それだけです。

それをあえて、月経予定日から逆算し、「排卵日のアタリをつけよう、その前後の危険日だけ禁欲しよう」というのがオギノ式です。日本では多くのカップルがこれを利用し、多くのカップルが失敗して、後悔しています。

月経予定日はあくまで予定日なのです。予定は狂うしはずれて当然！ まして月経の不安定な思春期には、予定日そのものがないと思いましょう。

ただ「赤ちゃんが欲しいから、ぜひ、その危険日にセックスしたい」というカップルのために、計算のしかたを、参考までに書いておきます。

この一年間の月経周期を調べたら、最短28日、最長35日で、今回の月経が4月1日だった人の場合。

・次回月経が最短パターンで来るとしたら、4月29日

からヘーキ」も大間違いです。確かに昨日までは無排卵でも、今日、たった今、排卵が始まったかもしれないでしょう。思春期のからだは時々刻々成長中です。しかも『セックスするとその刺激で無排卵が治る例が多い』という学説がある！ セックス→即・排卵→そのまま妊娠。あなたは最も妊娠しやすい女性だったのです。

です。
・排卵日は4月13〜17日の間です。当然危険日です。
・排卵日前の、子宮の中で精子が生きてる3日と注意日2日＝4月8〜12日も危険日です。
・排卵日後の注意日2日＝4月18・19日も危険日です。
・つまり4月8〜19日が危険日です。
・次回月経が最長パターンでくるとしたら、5月6日です。
・排卵日は4月20〜24日です。
・その前の4月15〜19日も危険日です。
・排卵後の4月25・26日も危険日です。
最後にこの二つを一緒にします。

あなたの危険日は4月8日〜4月26日です。

どうぞ可愛い赤ちゃんを産んでください。

●次回月経が28日周期なら

4/1	2	3	4	5	6	7
今	月	の	月	経		
8	9	10	11	12	13	14
					は	い
15	16	17	18	19	20	21
ら	ん	日				
22	23	24	25	26	27	28
29	30	5/1	2	3	4	5
次	回	の	月	経		

●次回月経が35日周期なら

4/1	2	3	4	5	6	7
今	月	の	月	経		
8	9	10	11	12	13	14
15	16	17	18	19	20	21
					は	い
22	23	24	25	26	27	28
ら	ん	日				
29	30	5/1	2	3	4	5
6	7	8	9	10	11	12
次	回	の	月	経		

無教養が招く妊娠 精子たちの笑いもの編

精子たちの笑いもの

世の中には、避妊のつもりで避妊にならない、誤解、偏見、迷信がてんこもりだ。オイオイ、そこのキミ！まさか信じちゃいないだろうな。僕たち精子の笑いものだぜ。

右往左往・笑いもの

『セックスのあと、タンポンで吸い取る』

はっはっは。もう子宮の中だよ。間に合うもんか。そんなにくどいているよ。

一目瞭然・笑いもの

『膣洗浄法で精子を流す』

セックスのすぐ後で、女のコが膣にいる僕たちを洗い流そうという試みらしいが、無駄骨もいいところだ。セックスの時、男のコのペニスの先っちょは子宮口の真下にある。そこで射精するんだから、僕たちもセックスの中なんだぜ。それにビデの水が届くのは、携帯式でも備え付けでも、膣の中だけなんだぜ。子宮の中には入らない。食後に一生懸命歯を磨いたって、おなかに入ったご飯やパンや魚や煮物がうにかできるか？同じことサ。あとの祭りで、へっへっへ、妊娠成立♡

言語道断・笑いもの

『膣外射精を自慢する』

膣外射精とは、男のコが射精の直前にペニスを膣から抜いて、膣の外に射精することだ。彼らの多くは「外で出すから大丈夫だョ」「ガマンして抜く」なんて芸当のできる状況じゃない。一瞬でもタイミングがずれれば、完ペキアウトで妊娠だ。その危険な膣外射精をヘーキで自慢するなテクニックのように自慢するが、さもセックスの高級な神経は、女のコとして絶対疑うべきだね。まず、コンドームを使うのがメンドーなだけの言い訳サ。さもなきゃ、AVの見過ぎで、男優どりのおばかさんだ。どっちにしても妊娠なんて"へ"とも思っちゃいないよ。彼らの口車には、いっさい乗るんじゃないぞ。「ゴメン」ですめば警察はいらないんだからな。

避妊にならないんだ！第一、射精は男のコのオーガズムの瞬間。頭の中はまっ白々で、「ガマンして抜く」なんて芸当のできる状況じゃない。一瞬でも失敗したことないからサ」「上手なんだよ、オレ」と、さもセックスの高級なテクニックのように自慢するが、断じて避妊法ではないんだぜ！なぜなら男のコが射精と気づくもっと前からぬけがけを狙う僕たちの仲間がぞろぞろ漏れ出しているからだ。実際、調べてみると射精の前にペニスから分泌される透明な液（クーパー腺液→P.42）は、精子だらけ。射精本番にペニスを抜いたって、間に合うワケがないだろう。まったくっと前からぬけがけを狙う僕たちの仲間がぞろぞろ漏れ出しているストレート、瞬時に子宮の中さ。跳び起きて洗ったところで、まあトロい仲間が数人犠牲になるぐらいで、大半の精子が卵子を取り囲んで

♥♥♥ 女のコの避妊講座 ♥♥♥

絶体絶命・笑いもの

『2回戦の精液は薄いから妊娠しない』

1回の射精で出る僕たちの人数は3〜4億人。そりゃ立て続けに射精すれば多少は減るけど、卵子とツーショットできるのはたった一人、一人なんだよ。4億人が一人になるまで射精できるか？ その前に男のコがダウンだろ。ゴクロウサマで妊娠だ。

抱腹絶倒・笑いもの

『膣にレモンや梅干しを入れておく』

僕たちが酸性に弱いと思ってなめてるな。膣の分泌液だって酸性なんだぜ。それをくぐり抜けて卵子のもとに通っているんだ。食べ物ぐらいに負けるワケはない。妊娠プラス膣炎を起こして、お医者さんにしかり飛ばされるのがオチだね。

徹頭徹尾・笑いもの

『女のコが上の体位でセックスする』

精液が流れ出ると期待してるのか。おあいにくさま。僕たちは自力で泳げる！ なんと女のコの内股からはい上がって、見事妊娠に成功した仲間もいるんだ。よく覚えておきたまえ。

前後不覚・笑いもの

『セックスのあと跳びはねる』

ふん。泳ぎは上手だと言っているだろう。卵子に会うまで逆さに振っても諦めないよ。

支離滅裂・笑いもの

『コーラで洗う』

食べ物には負けないってば。それに洗ってるころには、とっくに子宮の中で卵子を目指してまっしぐらサ。

呆然自失・笑いもの

『射精の時、男のコが息を止める』

それで僕たちが酸欠でも起こして死ぬってか。別に肺呼吸もエラ呼吸もしてないぜ。苦しいのは男のコだけ。その隙に妊娠だい！ わーっはっはっは！

避妊実力テスト20の解答

ぜ〜んぶ ✕ だぜ。ワーッハッハッハ

できなかった問題は、指定ページの解説を読みなおしましょう。

- ❶ ⇒ p.84
- ❷ ⇒ p.42
- ❸ ⇒ p.76
- ❹ ⇒ p.87
- ❺ ⇒ p.87
- ❻ ⇒ p.87
- ❼ ⇒ p.64
- ❽ ⇒ p.84
- ❾ ⇒ p.85
- ❿ ⇒ p.68
- ⓫ ⇒ p.54
- ⓬ ⇒ p.87
- ⓭ ⇒ p.81
- ⓮ ⇒ p.86
- ⓯ ⇒ p.74
- ⓰ ⇒ p.86
- ⓱ ⇒ p.87
- ⓲ ⇒ p.81
- ⓳ ⇒ p.76
- ⓴ ⇒ p.35

悲しいけれど中絶という選択をする時がある

ABORTION

"失敗"をバネに人生を突き進む勇気を

本当に堕ろしたいのか

中絶しか道がないと涙声で訴える女性を前に、「本当に堕ろしたいのか」と不安を覚えることが少なくない。年齢が、経済力が、親が、学校がと口走る姿をよそに、「みんな解決したら産みたいの?」とつい声を掛けたくなる。

保育大学校の1年生だった。母親に連れられての受診。

開口一番が「中絶して欲しいのですが」の声。親娘とも、「中絶」「中絶」と騒ぎ立てるのだ。妊娠20週。優生保護法で規定されている中絶許容の限度22週には、もうさ程時間がなかった。猶予はない状態だった。

「胎動もあるんです」という彼女の言葉が、一抹の不安

●●● 中絶という選択 ●●●

を抱かせた。本当に堕ろしたいのだろうか。

「今となっては、本当に堕ろしたいのだろうか。堕ろすことではないの？産んだとしたらどんな問題があるか、その問題をどうしたら解決できるかについて考える時期ではないの？」という僕の言葉を遮るように、母親はこう続けた。「日本の法律では21週目までは中絶ができるのですよね。それならば、中絶できるようにしてやって下さい。娘は、保母になることが子どもの頃からの夢だったんです。その夢は、あと1年ちょっとで実現するんです。今、こんなことで時間を無駄にしている暇はないのですから……」と。

僕はとっさに尋ねた。

「君はどうして保母になりたいの？」

「赤ちゃんが好きなんです」

本当に産みたかったのだろうか

高校2年生の女のコだった。3時間もかけてクリニックにやって来たのは、妊娠を専門家として確認して欲しいという願いからだった。結果は妊娠5週。

「妊娠だよ」と告げると笑顔が返ってきた。「やっぱりですか、先生。よかった」と。「産めるの？」「もちろん。だって彼もそうしろって言ってくれているし」「そうか、よかったな。学校の方はどうするの？」「1年間くらい休学したっていいかなと思って。人生85年ですものね」「そうだよな、焦る程の年齢ではないよな。そう決心しているのならば、周囲の圧力に負けないで、頑張るんだぞ。僕だって、医者としてできることがあれば、お手伝いするからな」

笑い事ではなかった。このコは本当に堕ろしたいのだろうかと、疑問を抱かずにはおれなかった。親と娘の意見の食い違いを感じとった僕としては、タイムリミットがあることを承知で、「十分検討して悔いのない選択を」といって、その日は帰ってもらった。しかし、予約日になっても彼女は現れなかった。しばらくして、「中絶してくれるところが見つかりましたので、お願いしました」との母親からの電話。これでよかったのか、悔やまれる体験だった。

彼女は十分納得の上の合意ができたのだろうか。6カ月になるまで、妊娠の事実を告げなかったなんてことはないだろうか。親や社会の圧力に屈したなんてことはないだろうか。自分自身の人生をどう捉えているのだろうか。

久しぶりのひと時だった。高校生妊娠といえば、中絶と相場が決まっているのに、今回は違っていた。「産みたい、産める」の声に、僕自身でさえ心が高鳴るのを感じた。

女のコの診察を終えた後、母親を部屋に招き入れて、「おめでとうございます。娘さん、妊娠5週でしたよ」といった時だ。母親の困惑気味な顔と言葉が忘れられない。「ありがとうございます。でもね、高校2年生というのは何とも複雑だという時期なのだ。それから母親は一つ一つの言葉を噛みしめるように、3年生だったら、学校には内緒にして卒業できる時期だったのだ。高校2年生というのは何とも複雑だという時期なのだ。それから母親は一つ一つの言葉を噛みしめるよう

に語りだした。

「相手は一年先輩のしっかりした男のコなんです。薬局で買った妊娠判定薬で妊娠を確認した直後、私の家に二人で来ましてね、私の前で頭を垂れて謝るんです。申し訳ないことをしてしまったと言われた時には、腰が抜けてしまうほど驚いてしまいました。おなかを痛めて産んだ娘から、妊娠の話をこんなに早く聞くとは思ってもいませんでしたからね」

彼には白血病を病む弟がいたという。数カ月前にこの世を去った弟の生と死をさ迷う姿を目の当たりにしていた彼にとって、付き合っていた彼女の妊娠には特別な意味があったのだ。もちろん、妊娠したいと思っての妊娠ではなかったのだけれど、二人は話し合いの末、妊娠継続を決め、彼女の家に向かった。彼女の母親に自分たちの意志を告げると、今度は自分の家に戻って両親を前に宣告した。

両家は大騒ぎとなり、家族会議を開くことになったが、その前に妊娠の確認を専門家に委ねようというのが、きょうの受診となったわけだ。一応の理解を得られたと確信している女のコと、戸惑う母親の姿のギャップが印象的だった。

それから5日後に彼女は中絶した。家族会議はさんざんだったのだ。「初めから親に面倒みてもらわなければならないなんて、子育てとはいわない」との父親の声。「妊娠したという事実だけで満足しなさい、高校を卒業したら結婚させるから」と諭す父親の言葉。「結論は二人で」と親に迫られて、結局は中絶となったのだ。中絶を終えて帰宅する時の、彼女の晴れ晴れとした表情には慌てた。「産むんです」と快活に語っていた時と、今の態度には、大きな違いがみられないのだ。肩の荷が降りた安心感がそうさせるのかはわからないが、このコは本当に産みたかったのだろうかと、考え込むことになった体験だった。

中・高校生の出産は罪悪か

以前、大阪の中学生が、妊娠・出産したという報道をきっかけに、「中学生妊娠」の大論争が起きた。僕自身も朝までテレビの論争に呼び出されたり、新聞、雑誌の取材と追いかけ回された。要約すればこうだ。中学生が妊娠し出産、その事実を、同級生が卒業式の答辞の中で紹介した。「私は、勇気ある友人の行動によって、命の大切さを学びました」と。妊娠した彼女は、学校と相談し、友人たちの理解が不可欠だったので、学生集会で妊娠・出産宣言をした。職員会議でも、大問題になったが「学びたい」という思いと、「産みたい」という希望を満たす方法はないかと考え、学ぶ権利と産む権利を保障するための学校としての体制づくりを検討しようということになった。家庭科の先生は、制服をマタニティー風に作りかえ、彼女を支援したという。

これらの事実がマスメディアで紹介されるや、是々産むことを決めた。でも勉強を続けるためには、友人た

●●● 中絶という選択 ●●●

非々の大論争が起こった。「中学生の妊娠を放置するなんて学校側は何をやっていたんだ」「中学生の小娘に子育てができるか」「生命尊重を貫いた指導は評価できる」など。

中学生の出産が、こんなにも大きな社会問題として取り上げられる程、わが国での経験が乏しいからなのか。中学生妊娠に否定的な社会であるからなのか。マスメディアの扱いもプライバシーの保護などどこ吹く風とばかりの節操のないものであった。

中学生や高校生の妊娠は本当に罪悪なのか。望まない妊娠を防止するための避妊法に無頓着なセックスをして、その後始末の中絶ではなんとも頂けないことは言うまでもない。一方、そこに至る過程がどうであっても、「産みたい」と願うことがあっても不思議ではない。ハイティーンであるならば、産むことへの障害は医学的にはないと言えるだろう。仮に問題があるとしたら、周囲には歓迎されない出産であったり、未婚期の出産であったり、経済的にも援助を受けることができるならば、妊娠・出産に至り、年若くても祝福のうちに出産に至り、経済的にも援助を受けることができるように、成人と比べても違いはない。社会的にはまだ自立への道が遠いとはいえ、遅かれ早かれ社会人として独立できる時が訪れるのだから、一時的に親や親族の援助を受けたり、援助したりすることにどんな問題があるといえるのだろうか。

産むことだけが美徳ではない

わが国では、生命尊重の名のもとに、産むことを美徳と考える風潮が根強い。しかし、どんな状況におかれようと、絶対にあって欲しくないのは、望まない出産をすることだ。自分の意志を曲げて、「産めばなんとかなるさ」などという無責任な姿勢で子を産むことだけは避けて欲しい。

中絶だって、君の人生における一つの選択なのだ。でも、こうと決めた以上、後悔の日々を送ることがあってはいけない。60歳、70歳になってもなお、中絶の日を忘れずに水子供養に出かけるという女性がいるが、僕には奇異な光景にしか映らない。人生なんて失敗の繰り返しなんだから、それをバネに前へと突き進む勇気だって必要なんだ。確かに水子供養も心を慰める方法の一つ

かもしれないが、とにかく引きずっていって欲しくないのだ。中絶は確かに望ましいことではないけれど、現時点ではこれが一番いい選択だったと思えるような中絶ができるように、そして、その後再び中絶を繰り返すことがないようにと願っている。

妊娠かも……と思ったら

1 月経の遅れ

妊娠の一番の兆候は、月経が予定日を過ぎても来ないこと。2週間たってしまったら、どんなに不順なコも産婦人科へ行きましょう。

2 基礎体温の高温相が続く

3週間、高い時期がつづいたら、ほぼ間違いありません。軽い風邪のように微熱が続く場合も、体温表を持って病院へ。

3 つわり

早いコでは、月経予定日を過ぎるころから、気持ちが悪くなることがあります。起きぬけや空腹時にムカムカ、生唾が出たり……。ニオイに敏感になる、食べ物の好みが急に変わることも。

ただ、まったくつわりのない人もいますから、元気でもアテになりません。特にTVドラマのように、ある朝突然ゲロリンパ！なんてことは現実には滅多にないことです。

ホ・ホラ私、フキンだから

カ・カゼよ

だってつわりないもーんバクバク

セックスしたなら「まさか」じゃすまない

「まさか、そんな、私に限って……」
「明日はきっと月経がくるから……」
「一日延ばしにゴマかさないで。あなたには、『これから』のことを、しっかり考える時間が必要です。オトナの女性としてやってく自信があるからこそ、セックスを体験したはずだもの。自分自身のからだのこと、人生のこと、冷静に見つめる分別を持たなくっちゃ。

女の子なら誰だって、セックスしたら、妊娠する……。

その時のこと、今までにパートナーと真剣に話し合ったことがありますか。セックスのすぐ向こうにいつも赤ちゃんを産めない立場の二人にこそ、厳しい現実。赤ちゃんを産めない立場の二人にこそ、覚悟していて欲しいんです。どんなに避妊に気をつけたつもりでも、絶対なんてないからです。

月経の遅れに気付いたら

月経サイクルのチェックは万全ですか？ もしも予定月経が2週間以上遅れたら、妊娠を疑ってください。

月経の量が極端に少なかった時も心配です。妊娠した時に、軽い月経様の性器出血をみる人もいます。「着床時出血」といって、

グズグズ迷わず産婦人科へ

妊娠について、正確な判断ができるのは、産婦人科の医師だけです。「やっぱり、妊娠？……」と思ったら、もう迷わず病院を訪ねましょう。不安なまま、フラフラ迷っていても、苦しいのは結局自分自身。どうせ行かなくちゃ

そのまま月経とカン違いしてしまうと、妊娠に気付くのが大幅に遅れてしまいます。セックスを経験したら、基礎体温を計っておくのが一番です。高温相が3週間以上続いたら、まず妊娠と思って間違いありません。

はいけないんだから、早いほうがいいに決まっています。

妊娠の進み具合の目安となる「妊娠週数」は、最後の月経の初日から、0週として数え始めます。（→P.65）月経周期が28日型なら、

●●●中絶という選択●●●

4 乳首の変化

おっぱいが張ってきたり、乳首がデリケートになったり。なんとなく黒ずんで大きくなることも症状の一つ。

5 オシッコが近くなる ベンピがちになる

いずれも妊娠によるホルモンの変化からおこる可能性があります。

6 おりものが変わる

白っぽく、量が増えるかもしれません。

7 疲れやすくなる

だるい、眠い、気分がイライラ落ち着かない、なんて精神的にも影響が。

月経予定日は4週目に入るところ。2週間遅れた時点では、もう6週目に入ることになり、グズグズはできません。その意味からも、からだへの負担がずっと軽く中絶手術を受けるとしても、11週以前の初期のうちなら、からだへの負担がずっと軽くてすみます。もし12週以降、中期に入ると胎盤が完成し、胎児も大きくなっていますから、手術の方法も異なり、とっても大変です。さらに22週に入ると、法律で一切の中絶手術が禁じられています。

妊娠には"異常"もあるから

妊娠とひとくちにいっても、必ずしも正常に進んでいるとはかぎりません。なかには、命にかかわる大きなトラブルがあります。

子宮外妊娠・本来なら子宮内膜に着床する受精卵が、卵管や卵巣などに着床することです。当然胎児の育つスペースはありませんから、組織が破れるなどして激しい腹痛と出血がおこります。手遅れになるとショック状態となり、一刻を争います。

胞状奇胎・受精卵は着床すると、子宮内膜に胎盤の元となる根っこ＝絨毛をつくります。が、まれにこの絨毛が異常増殖し、子宮の中にブドウの房のように広がることがあります。これを胞状奇胎といい、胎児は育ちませんから、手術で取り出さなければなりません。万一異常があれば、若いあなたの手には負えません。早急に両親に相談してください。

流産・腹痛と出血とともに、子宮内の胎児と付属物が出てしまうことです。至急に医師の手当てを受けなければ危険です。

妊娠と気付いた時点で、産婦人科医の診察は必ず受けておきましょう。めったにないこととはいえ、妊娠を公にできない立場で、通学途上、授業中などに出血等のトラブルがおこれば、二重の意味で苦しむことになってしまいます。自分のからだのことは、自分が一番正確に知っておかなくては。こんな時こそ逃げちゃいけない！

妊娠判定薬

自分で尿検査をして、妊娠の有無を調べることのできるキットが「妊娠判定薬」として薬局で売られています。2000〜5000円前後。メーカーも種類も様々です。しかし、精度がよくなったとはいえ、陰では判定ミスをおかすことがありますし、素人では判定ミスをおかすことがありますし、素人医師の診察は欠かせないのですから、高いお金を使って、回り道をすることはないのではありませんか。性と出ればまた不安で、何度もチェックを繰り返すことになります。妊娠の異常についてもいっさい分かりません。いずれにしても、

産婦人科に診察を受けに行く

病院に行くと

産婦人科なんだから、おなかの大きい妊婦さんがいるのは当たり前。産めない立場のコにはプレッシャーだけど、ここでメゲてちゃ問題は解決しない。他にも子宮筋腫とかポリープとか病気のために来てる人だっているんだから。人間、立場はそれぞれだ。どーどーとしていよう。

受付で
「月経が遅れているんですが」
問診表を渡される。ちゃんと本名を書くんだよ。

かきかき
受付に返して、コップを受け取る

(イラスト内: 月経がおくれてるんですが… / 受付 / 待合室)

どこの病院へ

産婦人科は、若い女のコにとって、歯医者さんのように気軽に行けるところではなさそう。でも、先生たちは女性がかかえる問題の手助けをしたくって『産婦人科』の道を選んだ人ばかり。私たちの味方です(→P.126)。何もキンチョーしまくることはありません。妊娠初期の検査をするだけなら、特別有名な病院を探す必要もないでしょう。以前かかった産婦人科があるんなら、そこへ。まったく初めてなら、近所の病院を3〜4件覗いてみて、20〜30代の女性ではやってるところがおすすめです。オトナの女性たちは独自のネットワークを持っていて、病院情報もマメに交換してるもの。このさい利用させてもらいましょう。

パートナーと話し合って

パートナーには、女のコのつらい気持ちを一緒に受け止めて欲しいものです。二人のためにあったセックス。その結果としてある妊娠も、もちろん二人の責任です。だから病院だって、必ず二人。妊娠がどんなに大変で、大切なことか、男のコでも、いえ男のコこそ知っておかなくてはいけません。

万一、トンズラ決め込む、無責任やろーだったら、放り捨てておきましょう。あなたが張り倒さなくても、どーせ今に天罰が下ります。つまんない男のために気持ちを乱しちゃダメ！あなたはもうオトナの女性だもの。自分で立派に乗り越えていけるって。

お金と服装・心構え

正常な妊娠は病気ではないので健康保険は使えません。ただ異常の見つかる場合もありますから、保険証は持っていってください。検査と診察で10000円ぐらいかかります。お金は余裕をもって用意しましょう(男のコ、キミの出番だ)。

服装は、脱ぎ着しやすいものを。内診がありますから、ボトムは前開きのものを。リーツスカートがベストです。ハンカチ、ティッシュも当然必携。

94

●●●中絶という選択●●●

内診台

もう一度診察室で、診断を聞く

トイレでオシッコをとって待合室で名前を呼ばれるのを待つ

病院に着くと・問診表と尿検査

初診では、たいがい受付で問診表を渡されます。これは医師の正確な診断のために、絶対必要なもの。ウソ・イツワリなく書いてください。セックスの経験や過去の妊娠、中絶の有無など、答えにくいものもありますが、お医者さんには職業上知り得た秘密を必ず守る義務があります（違反すると罰金です）。あなたが未成年でも、両親、学校、パートナーに勝手にチクるようなことはありません。あらかじめ質問事項を整理してから出掛ければ、アセらなくてもすむと思います。

問診表を受付に返すと、尿検査用のコップを渡されますから、トイレで採尿し、指定された場所に置いてください。待合室で名前を呼ばれたら、診察室に入ります。

メゲずに内診

医師の簡単な問診のあと、看護師さんに内診台（→P.127）へ案内されます。下着をとって（スカートはまくれるものならはいててOK）コケないように上がってください。大胆なポーズは当然抵抗ものですが、ここまで来た以上、開き直って「まな板のコイ」で行く。深呼吸してからだの力を抜くのが、楽に診察を受けるポイントです。腟や子宮の状態から、きちんとした診断が下されます。

落ち着いて、診断結果を

結果が妊娠ならば「おめでたです（どこが）」「妊娠です」「出産予定日はX月Y日です」などと告げられるでしょう。ここで中絶希望なら、パニックしない！ 落ち着いてその旨を話し、医師の立場でのアドバイス──とても大事なことです──をよく聞いてください。もちろんその場で手術なんてことはありません。帰ってからあらためて、あなたの結論を──。

問診表　〇〇レディスクリニック
医師　△△×××

結婚歴
家族構成
初経はいつ
月経周期は
月経の持続期間と量
最終月経の日と期間
セックス経験は
妊娠、流産、中絶経験は
ST I感染歴は
大きな病気や怪我は
アレルギーは
輸血を受けた経験は
出産希望か中絶希望か

95

人生のために自分自身の選択を

妊娠かも……から妊娠！ 現実のものとなった時、さあ、何から考えましょう。

「親にバレたらマズい」
「学校に知られたらヤバい」

若い世代の『性』に、世間一般、まだまだ見る目は冷たいから、パニくる気持ちもよくわかります。だけど、そんな追い詰められた思いのまんま、中絶に駆け込んじゃダメ。自分を大事にできっこない。『妊娠』は女性の人生の、大きな大きなターニングポイントだもの。

「産む」としても、「産まない」としても、その選択はあなたが、あなたの人生を、よりよく生きるためのステップにしていかなくちゃ。それには決して自分一人で、彼と二人で、空回りしないこと。『妊娠』では、いろんな世代の、いろんな立場の女性たちが、いつだって悩んでいます。社会の制度やあり方とも、深くつながってます。まず、そこから考えて、ひと息入れましょう。そう、つらいのはあなた一人じゃない。

そして信頼できるオトナをまじえ、もう一度、筋道たてて「産んでガンバル私」と「産まないで乗り越える私」をシミュレーションしてみます。学校、生活、お金、将来……きっと自分とパートナーの問題点が、もっとはっきり見えてくるはずです。

この辺で、できることなら二人の両親にも登場してもらいませんか。きっと第一声が「ばっかやろう」。張り手の一つも飛ぶでしょう。でも親は、我が子のピンチに決して後へは引かないものです。知恵とお金のありったけを出して、あなたを守ろうとするものです。いーじゃありませんか、親なんだもの、少々迷惑かけたって。それが親の役目だもの。こんな非常事態にムリしてツッパることなどない。

オトナたちの親身の言葉は、ともすればくじけて投げやりになるあなたの心を、必ず支えてくれるんです。

さあ、少しは気持ちが落ち着きましたか。これからがホントの勝負。もう一ぺん、自分のための結論を気合を入れて出してください。例えそれが、初めと同じ「産まない」選択だとしても、とことん納得してのことなら、つらくたって人生をプラスで乗り越えられる。自分を責めるだけで、悲しみを引きずるだけで、中絶を終わりにしたら負けだもの――。

10代の女性

・学校が妊娠、出産を認めない。
・勉強と両立できない。
・進学、就職が不利になる。
・経済力がない。
・親が厳しく反対する。
・パートナーが逃げてしまった。

ボクたち
わたしたちは
勉強と
育児を
両立させるコトを
ここに
宣言します!!

ガンバレー 大人たち

96

●●●中絶という選択●●●

女性たちの「どーしようか」妊娠

20〜30代の女性

- まだ学生である。
- 仕事と両立できない。
- パートナーと結婚できない。
- パートナーと結婚したくない。
- パートナーと別れたあと。
- パートナーが妻子持ち。
- パートナーの子供かどうか分からない。
- 保育園などの行政制度が不十分。
- 給料が安い。
- 住宅事情が悪い。
- 持病があって妊娠継続が難しい。
- 心身に障害があり、回りの理解、協力が得られない。

40〜50代の女性

- 体力に自信がない。
- 住宅ローンの支払いに追われている。
- 上の子供の受験とぶつかる。
- 娘の出産と重なる。
- 夫が反対する。
- 夫が単身赴任で大変な時期。
- 夫はすでに定年退職。
- 夫の子供ではない。
- 家族に病人がいて余裕がない。
- 老いた両親の世話がある。

【中絶を選択したコのために】中絶手術Q&A

中絶手術は自分自身のからだの問題。きちんと知っておきたいから、北村先生に3つのQ&A。病院でも医師の説明をよく聞いて、納得の上、手術を受けてください。

Q どのような手術ですか？

人工妊娠中絶手術は妊娠11週までの初期の手術と、12週以降の中期で、方法が異なる。

初期の手術は器械的な方法。子宮の入り口を広げ、内容物を除去し、内膜を掻爬すること。まずはピンホールのようになっている子宮の入り口にラミナリアという海藻の茎を挿入し、ラミナリアが水分を含んでジワジワ膨らむのを利用して、入り口をゆっくりと広げていく。それからヘガールという拡張器を使って器械的に広げ、胎盤鉗子や流産鉗子によって、子宮の内容物（胎児とその付属物）を取り除く。最後はキューレットという器具による子宮内膜の掻爬。胎盤鉗子や流産鉗子のかわりに、陰圧で吸引して内容物を取り除くこともある。手術中は局所麻酔や、眠気を起こすような薬を使うので、意識が朦朧とした状態で手術は終わる。この間10分から20分。

中期に入ると、子宮が柔らかくなっているため、器械的な方法では危険。プロスタグランディンE1を座薬として、繰り返し腟の中にいれて、子宮の収縮を起こさせ流産に導く。この薬の扱いは麻薬なみに厳しく、母体保護法指定医だけが許可されており、中期中絶以外に用いることはできない。手術ではない場所であるがために、盲目的な手術をせざるを得ないわけで、器械的に子宮の入り口を傷つけたり、子宮の中であっても、命取りになるような小さな抜歯や足の疣を取り除くような手術だって、命取りになることはある。だから中絶手術も例外ではない。手術の操作をする場所が使っても、ラミナリアやプロスタグランディンで子宮の入り口を開き、流産の後処置として掻爬的に広げ、流産の後処置として掻爬

Q とても危険な手術とききますが、本当ですか？

今までの性教育といえば、中絶の手術をすると将来赤ちゃんができなくなる、子宮を傷つけたり穴を開けてちゃうことがあるなど、手術の危険性をこれみよがしに教え込むことで、「だから中絶するな」「だから妊娠するな」「だからセックスするな」と強調するものが多かった。誰だって、中絶しようと思って妊娠する人はいないし、中絶をするためにセックスするわけではないのだから、このような中絶手術の指導は無意味だと思う。

危険でないとはいわない。手術は、たとえ抜歯や足の疣を取り除くような小さな手術だって、命取りになることはある。だから中絶手術も例外ではない。手術の操作をする場所が子宮の内容物を完全には取り除くことができず感染を引き起こしたり、子宮に穴を開けてしまったりということがまれにある。中絶すると不妊症になるといわれるのは、そのためだ。中には、局所麻酔や手術後の抗生物質の使用でアレルギー反応を起こしたりという例もあり、軽い気持ちで手術をうわけにはいかないのは事実だ。

が、中絶は母体保護法によって認定された指定医でなければ行えず、その医師は高い技術をもっている。指定医であることを確認するならば、大船に乗った気持ちで手術を受けなさい。

妊娠する性を持つ女性にとっては、産むための医療も、産まないための医療も、ともに必要だ。そして誰もが必要な時に、必要な医療を安全に受けることができるということは、

●●● 中絶という選択 ●●●

Q 〜からだへの影響は？ 将来赤ちゃんは産めますか？

しなければならないことが多い。

とても大切なことだ。日本では、現在ほぼ安全な中絶手術が受けられるということを、知っておいていいと思う。

不安があるようだけど、心配無用。むしろ、今回の妊娠で、妊娠できるからだってことがはっきりしたことは大きな収穫だ。自信いっぱいに、近い将来の喜びの妊娠を待ち望んでいたらいい。でも、前に述べたようなことを十分に頭にたたき込んでおいて、再び同じことを繰り返さないようにして欲しい。

大切なことは、手術そのものよりも、手術後の君自身の生活にかかっている。たとえ医師の説明をよく聞き、納得して手術にのぞみ、手術がうまくいったとしても、その後に不節制な生活をすれば、なんにもならない。だから、日帰りコースの慌ただしい中絶ではなく、せめて一泊二日のゆとりをもって入院する気持ちを忘れずに。

手術直後に無理をすると、大量出血なんてことにもなりかねないから、帰宅したその日は、しっかりと安静を保つこと。できたら3、4日はいつでも横になって、ゆったりとした時を過ごせるようにしたいものだ。親に内緒で、学校には知られずにといって中絶をしたこともあってか、翌日は体育をしたなんてことも、クラブに頑張って体面を保つ

なんて愚かなことだけはするな。嘘の方便、大人びた行為を体験した女のこなんだから、大人らしくうまく立ち居振る舞おう。そんなことがあるから、親を巻き込んでの手術ができればいいのだが…。これは医者である僕からの忠告。

帰宅後、数日間は少量の出血があったり、麻酔の影響などもあって頭がボーッとしていたり、子宮を元に戻すための収縮剤を飲むので時々お腹がきゅっと痛くなったりするものだ。でも38度近い熱が続いたり、月経の時にも体験したことがないような大量の出血があったり、耐え難い程の痛みが増して、予約日なんか気にせずに医者に行ったら、僕が一番心配するのは、中絶をしようという場合に、君が十分納得の上の合意のもとに中

絶ができるかどうかだ。「産みたかったのに産めなかった」では悔やまれて仕方ないだろう。今自分の置かれている環境や立場を考えたら、これがベストの選択といえるような中絶であるように。そうでないと、水子供養のために日参なんてことにもなりかねないからだ。中絶の選択をした君に対して、彼がよき理解者として君を励まし続けられるようなパートナーであることを信じたい。「将来赤ちゃんは産めますか？」との

不安

だから くりかえさない

わすれないよ!!

中絶を乗り越えるためのA to Z

A 中絶と法律

中絶手術は、選択すべきことは、最終的に女性個人がまったく自由というワケではありません。日本には刑法第29条に『堕胎罪』があり、原則禁止となっています。

ただ『母性の生命健康の保護を目的とした「母体保護法」の条文に当てはまる場合に限り、許可されているのです。

その条文の主なものは◎身体的、経済的理由で、妊娠・分娩が母体の健康を損なう恐れがある。◎脅迫またはレイプによって妊娠した場合。そして実際には『経済的理由』が拡大解釈されて、ほとんどの中絶が行われています。みんなの場合、許可されないってことはまずありません。

（ただし妊娠22週未満に限る。）22週以降は「胎児は母体外で生命を保持することができる」とみなされ、いっさいの中絶は禁止。注して！12週以降の中期の中絶の場合には、原則として地域の戸籍係に死産届けを提出する必要があります。

※『母体保護法』のうち「優生上の見地から不良な子孫の出生を防止する」という差別的な目的が削除され、『優生保護法』は1996年、改正された法律です。

B 病院の決め方

中絶手術は、母体保護法で指定された医師＝母体保護法指定医でなければできません。

だから、みんなのからだにケアしてくれる医師にかかりたい。スタッフや入院設備などが整っていることも大切です。「飛び込み」で決めちゃダメ。信頼できるオトナ、できれば出産経験のある女性にじっくり相談してください。

病院が決まったら、あらためて診察を受けます。この時、手術についての医師の説明を聞きますて納得いくまで医師の説明を聞きますよ。自分のからだのことですよ。

C 同意書

病院で手術日を予約したら、当日までにあなたに用意します。事前に用紙を渡されるはずですから、そこに二人の住所氏名を書きハンコを押します。外部にモレるようなことは決してありませんからご心配なく。なお"配偶者"は結婚していなくても、パートナーって意味よ。

彼の分の同意書が用意できない場合は、理由をお医者さんに話してね。きっと、相談に乗ってくれます。

D 費用

初期：6〜10万円。入院が必要な時は1日につきプラス2万円前後。中期：約15万円と入院費。1週間なら計30万円ぐらい必要。

他に手術後の検診の費用も。健康保険は原則としてきかない。お金の工面がつかなかったら、もうママにSOS！グズグズしてたら取り返しがつきません。

●●●中絶という選択●●●

E 手術までの㊟事項

手術のあとは十分な休養が必要だから、日程を決める時は医師によく相談してください。直後に試験で休めないなら、妊娠週数によっては延ばしたほうがいいし、夏休みとかに入るならそのほうがゆっくりできるでしょう。

それまでは、ともかく体調を整えること。正常な妊娠なら、特に日常生活の制限はありませんが、満員電車や階段の上り下りは気をつけて。修学旅行、体育の授業、部活の試合なんかは当然パス。嘘も方便。もしおなかが張るように痛んだり、出血があれば即、病院へ。

つわりは、空腹だといっそう強く感じます。起きぬけや、休み時間なんどに、果物、チーズ、お菓子、なんでも食べられそうなものをマメにつまみ喰いすると少しは楽。まれに起き上がれないほどの重症のつわりがあります。その時も病院。

なお、ベンピのあるコは、初診の時に緩下剤をもらっておくといいでしょう。その傾向があるので、初診の時に緩「産まない」選択をしたとしても、少しでも上手に乗り切ってください。からだはちゃんといたわって、少し

F 前日の処置

出産経験のないコの場合、子宮口が開きにくいため、手術が難しくなります。たいがいの病院では、前日にラミナリアという細いスティックを子宮口に挿入する措置がとられるはず。材料は海藻の茎で、子宮内の水分を吸収して膨らみますから、一晩かけて子宮口を開くことができるわけです。

帰宅後、少し下腹部が痛むでしょう。つらければ、おなかをマッサージしてみます。シャワー（お風呂はパス）を軽く浴びて、ゆっくり休んでください。不安だからって、お酒なんて飲んだらとんでもないョ。深呼吸して軽く腰

G 当日の朝の㊟事項

手術の麻酔に備えて、飲食の制限があります。手術中に吐いて窒息したら大変だから、必ず守ること。メイクやマニュキアはしないでください。医師に顔色が分かるよう、メイク服装は脱ぎ着しやすい前開き。プリーツかフレアースカートで。

H 持ち物チェック

・お金
・同意書
・生理用ショーツとナプキン数枚
・ティッシュ、ハンカチ、タオル
・入院に備えて
・寝間着（前開き）
・洗面用具
・下着の替え

お金
同意書 ←ハンコ!!

I 病院についたら

まず血圧や体調のチェック。風邪、ゲリ、ベンピなど、体調のチェックを告げてください。持参した生理用ショーツとナプキンを看護師さんに渡します。このあと、麻酔中の呼吸をスムーズにするための注射があります。

J 手術台へ

下着をとり、手術台へ上がると足を固定されます。麻酔の注射がうたれ、数をかぞえるよう指示されます。軽い全身麻酔ですから、ここからは意識がなくなります。

K 手術

P.98に。初期の手術なら、10〜20分で終わります。

L 手術を終えると

気がついた時は、生理用ショーツとナプキンをつけて、ベッドに寝ているはずです。このあと検診があり、異常がなければ、一休みしてから帰宅を許可されるでしょう。

M タクシーで帰ろう

途中で貧血や、吐き気がおこるかもしれません。元気なワケないんだから、近くてもゆっくりタクシーを使って。付き添いの人はぜったいに欲しい。ママかパートナーがベストだけど、無理なら信頼できるオトナの女性、せめて親友にはネ……。

貧血（→P.135）になりやすい時です。鉄分をしっかりとりましょう。レバー、ヒジキ、ゴマ、シジミ。こんな時好き嫌い言うんじゃないの。体力を回復するために、上質のタンパク質も大切。卵、肉、魚（アジ、イワシ、サンマ、サバなどの背の青いタイプ）、牛乳、ヨーグルト、豆

●●●中絶という選択●●●

N 家についたら

ともかく医師の指示を守ること！たぶん膣内にガーゼが入っているから、取り忘れないように。細菌感染の原因になります。もらった薬（抗生物質や痛み止め、場合によっては軽い精神安定剤）も必ず飲んでください。

子宮が収縮するため、鈍い腹痛があるかもしれません。使いすてカイロなどにタオルを巻いておなかを暖めると楽になります。

また、出血してるし、子宮内にキズもできてるし、普段なら自浄作用を持つおりものも、消毒で流されてすい状態ですから、とっても細菌感染しやはまめに交換して。清潔第一。ナプキンーパーを使ったあと、清浄綿（滅菌したウェットティシュで、トイレでは、ペビニールに個別包装されているので携帯にも便利）で拭くのが◎。これは出血がおさまるまで続けましょう。ボーコー炎にもなりやすいので、その予防にもなります。

お風呂、シャワー、シャワートイレについても、医師の指示どおりに。

売っています。20個280円前後。

O 学校はシカト

手術後は、仮病でもなんでも、3日間は安静に寝ていることです。無理して学校や仕事にでかけたら、子宮の回復が遅れてしまうし、何より体力を消耗してしまって、イッパツでバイキンに負けてしまいます。もし子宮が感染症を起こすと、3日どころじゃすまないし、万一後遺症がでれば、将来、大きな悔いを残すことになりかねません。今は何より、あなたの体を守ることだけを考えてください。好きな音楽でも聴いて、できるだけ気持ちもリラックスさせてあげましょう。

P 栄養たっぷり

腐。気力を取り戻すためにも、からだは資本です。ばくばく食べてください。あと、ベンピを防ぐために、食物繊維もお忘れなく。

反対に刺激の強い、辛いものは出血を長引かせることがあるので、極力避けて。お酒、タバコは当然大×。やけ酒なんて、飲んじゃだめだヨ。

Q 検診日は絶対守る

医師に指定された検診日は必ず守り、子宮の回復をチェックしてもらいます。自分では調子がよくても、どんなトラブルがあるか分かりません。決して甘く見てはダメ。

R からだの注注注事項

順調ならば5日ほどで出血がおさまるはずです。もしも

・出血がダラダラ長引く。
・イヤな臭いがする。
・おりものがおかしい。
・おなかが痛む。
・熱がでる。

などの症状があれば、一刻を争って病院へ行ってください。おりものが悪いため、細菌感染を起こしている可能性が！

T セックスはしばらくお休み

たとえ回復が順調でも、月経が再来するまでは、セックスは絶対ぜったいお休みしてください。2週間といわれるケースもありますが、それは出産経験のあるオトナの女性のこと。若いあなたの子宮はまだまだデリケート。むちゃをすれば、出血したり、細菌感染したり、大きなトラブルがおこります。

それに、月経があるってことは、その前に排卵があるってこと。万が一にも、また妊娠!なんてことにでもなれば、今度は本当に取り返しがつきません。

何より、月経が戻っても、あなたの気持ちの整理がきちんとできてからにしなくては。パートナーとも、よくよく話し合ってください。

基礎体温で健康管理 S

月経は、手術した妊娠週数にもよりますが、普通30〜40日で再来します。でも、ホルモンのバランスは乱れがち。きちんと排卵があるのか、自分本来のサイクルに戻ったのか、必ず基礎体温を計って、体調をチェックしてください。二相性(→P.34)にならない、月経がなかなか来ない、不順になった、月経痛がひどくなった、不正出血がある、おりものが

へん、なんて時は体温表を持って、手術を受けた病院へ行きましょう。あなたと一緒にガンバってくれた、あなたのからだです。今回は、子宮にも卵巣にもムリをお願いしたんだから健康管理してあげるのが、これからの務めです。もちろん、あなたの将来のためにも。

避妊を見直して U

なぜ避妊に失敗してしまったのか、原因をしっかり究明し、かつ反省をしてください。避妊法の選び方に間違いはなかったか、正しく実行できていなかったか、男のコまかせにしていなかったか(避妊してなかった、としたら論外だゾ)。

今までの方法に問題が大きいとしたら、迷わずもっとも確実なピルを選んで欲しいと思います(→P.68)。副作用が気になるとしても、将来、もっとセックスにゆとりをもって対処できるようになった時点で、他の避妊法に変えることは可能です。今は、望まない妊娠を繰り返さないことを、最優先しなくては。

また、デリケートな女のコのなかには、妊娠に対する恐怖心から、セックスや男のコに嫌悪感しか持てなくなる場合があります。心のしこりが続くのは、女性として不幸なこと。ピルはそんなメンタルな意味でも、支えてくれます。

コンドームを使うなら、細心の注意を払い、挿入の最初から最後まで、常にしっかり装着しておくこと。理

●●●中絶という選択●●●

V もし心の後遺症がでたら

中絶にたいする過度の罪悪感や不安が強いストレスとなって、精神的な後遺症が出てくる場合があります。妊娠の中断で、ホルモンのバランスが大きく変わり、ただでさえ心が不安定になる時です。症状はうつ状態、強い不安感や無気力感、いろいろ。頭痛……といろいろ、不眠、めまい、頭痛……といろいろ。

もしつらかったら、遠慮なんかしない。まず事情を知ってくれている、手術を受けた病院の先生に相談しましょう。医師はいろいろな女性のケースをみているんだから、きっといいアドバイスがありますし、必要なら精神科医やカウンセラーも紹介してくれます。

中絶は、若いあなたにとって、大きな出来事。一人で耐えられなくても、恥ずかしいことではありません。そのために、専門家がいるんだから。

さあ、元気を取り戻そう！ W X Y Z

考えて考えて臨んだはずの中絶。気持ちの整理、立ち直るには、少しはできましたか。間が必要。だけど、あなたは今の立場で、精一杯の結論を出したんだし、生きていく上で、どうしても逃げるワケにはいかなかったんだし、後悔したり、自分を責めたりしないでください。

それに、妊娠する性を持つ女性にとって、「産む」ことも「産まない」ことも、重みはイコール。どちらを選択して生きていくかは、まったく個人の、一人一人の人生の問題なん

です。どちらがエライわけでも、イケナイわけでもない。決して罪悪なんかじゃない。

大事なのは、自分で責任を果たすこと。そして、二度と失敗を繰り返さないこと。

この数週間、自分のことはもちろん、パートナー、両親、生活、将来、世の中まで……。たくさんのことを学んだはずです。その経験をバネに、前を向いて、強く賢く生きていきましょうよ。明日から、涙はきっと流さないで——。

解と協力の得られないパートナーなら、スパッと別れちゃえ。いずれにしても、手術後の検診時に医師に、ピルも含めて、避妊について相談してください。産婦人科の診療の一つです。

105

誰だってかかる可能性のある病気
＝STI(性感染症)とエイズ

SAFE SEX

STIに「愛」は勝てない

愛という名のもとで——

「クラブのDJと、セックスをすれば、VIPルームに入れてもらえるという情報が入ったんです」と語り始めた高校3年生。DJ君との初めてのセックスから2カ月くらいした頃、性器のあたりにちょっとした痒(かゆ)みを感じた。おそるおそる手で触れてみたら疣(いぼ)ができていた。僕のクリニックにやって来たのが、それから1カ月後。尖圭コンジローマ。STI(性感染症)だ。鶏冠(とさか)みたいなものが、性器の湿潤な場所に密集してできていた。診察をしながら、「性病もらっちゃったな。尖圭コンジローマ」と声を掛けると、「うそ！」って言うんだ。「だって

◆◇◆STIに要注意◆◇◆

彼、私のこと愛しているって言ってくれていたのに」と。

「愛していると言ってた人が、どうしてこんな忌まわしい病気を与えるの」と。

愛という名のもとに交わされるセックスの向こう側には、妊娠やSTIが待ちかまえているってことをわかっているのだろうか。いつからか性器の病気に悪さをするようになった。クラミジア・トラコマティスという、ウイルスよりも大きくて細菌よりも小さい病原体が原因。自覚症状が乏しいために、STIに気づかないまま、次から次へと感染が広がっていき、その結果、女性ではクラミジアによる骨盤内感染症のための不妊症や、妊娠中の感染による新生児への影響、眼炎や肺炎などを引き起こすという病気だ。自分自身の欲求の結果としてのセックスが子々孫々にまでこんな悪影響を及ぼしてしまうSTIに、僕たちは無関心ではいられないはずだ。

十代の陽性率が27・5％

今日、日本で一番流行しているSTIといったらクラミジア感染症。昔はトラコーマという眼の病気だっただけれど、いつからか性器の病気に姿を変えて、僕たちに悪さをするようになった。

しかし、現実はどうだろう。東京都内の産婦人科を訪れた女性たちという条件付きではあるが、クラミジア陽性者は5・8％。十代については実に27・5％が陽性であった。これはセックスのときに、しっかりとコンドームが使われていなかっただけでなく、特定のカップルにとどまらないセックスが行われていたことを意味している。

「愛していれば」という。けれど、明日が見えないその場限りの「愛」でいいのだろうか。虚像の「愛」であっても、その経験の数が多ければ果たして幸福といえるのか。

出会い系サイトで知り合った男性とつきあった結果、クラミジアに感染した女子高校生がいた。暇まかせにアクセスして、言葉巧みに誘いをかける男性に、下心のある男性の、偽りのやさしさ

しているから今まで女性との関係がなかったわけではないんだ。でもね、君を初めて見たその時から、俺は君の虜になっていた。俺生まれて初めてだぜ、こんな思い。愛している、ホントに。君のこと、心から……」

尖圭コンジローマ（→P.113）というのは、HPV（ヒトパピローマウイルス）（→P.113）という病原体がおこるSTIだ。塗り薬や電気凝固術、液体窒素などの凍結法などの治療法があるのだけれど、再発することが多い。

しかもHPVには、子宮頸がん（→P.136）を引き起こす仲間がいる。驚くことに彼女の子宮の入り口から、異常な細胞が発見された。脅かすつもりはないが、性行為のために、がんを引き受けることだってあるんだということを忘れないでいてほしい。

を見抜くことができない女性の愚かさを嘆きたい。
「年齢差はちょっと予想外だったけれども、男性との会話は楽しかった」と彼女。だから喫茶店でのひと時はあっという間に過ぎた。家路につこうと二人で喫茶店を出たところで、彼から声がかかった。
「俺、きょうはちょっと疲れちゃった。ホテルで休んでいかないか」
臭い言葉だ。思惑見え見えの言葉だけれども、出会い系にアクセスしたときから、こうなることは彼女だってうっすら気づいていたのだ。出会い系とはそういう場所だということがわかないままの行動ではなかったのだから。でも、何度か拒否したら、「心配するなよ、休むだけだから」と。(何もしない奴がホテルに行くか?。)「じゃ

「過去の清算をしたいのです」

在日英国人の女性だった。3カ月程前に英会話の教師として日本に赴任してきた彼女にも、心躍らす異性が出現したのだ。「ピルを出して下さい」といってクリニックにやって来た彼女は、診察室に入るなり、「エイズの検査も」と求めてきた。できればその他のSTIの検査もすませてからの彼女には、まだセックスの経験はない。日本にやって来てからの僕からの不躾な質問を笑い飛ばすように、「セックスは?」という僕からの不躾な質問を笑い飛ばすように、「セックスは?」。「だからピルが必要なんです」と言ってのけた。
「好きな人ができたんです。セックスを始めてからでは遅すぎますからね、思いきってパートナーにお願いしたんです。『本国にいるときに、何人かのセックスパートナ

あ、キスならいいけどそれ以上は嫌よ」と応えてホテル行きを認めた彼女ではあったけれど、当然の成りゆきでセックス。初めての体験だった。それから10日くらいしてからのおりものの変化。そして受診。
「彼の治療もすませないと、ピンポン感染してしまうから、早速連絡して」の勧めに、首を横に振る彼女。「連絡先知らないの」。俺から電話を入れるからと言われて別れたというのだ。症状のない男性が無頓着に繰り返すセックスと、それを安易に受け入れる女のこととの組み合わせの中で、どれだけの病気の広がりが起こっていくのだろうか。「エイズの前にクラミジアあり」を座右の銘にして欲しいものだ。

ーがいました。でも、あなたと出会えて、あなたが好きになって、自分の過去をあなたに引き継がせたくないと思って、だから私、検査を受けて来ようと考えているのです。できたらあなたも……」と。
「過去の清算をしたい」というのだ。僕のクリニックを訪れていたちょうどその頃、パートナーも泌尿器科で受診していた。互いにHIV(エイズウイルス)抗体はマイナスという結果だった。これでエイズの心配は消えた。「過去の清算をしたい」という大きな責任だ。だからピルを手放すわけにはいかなかった。
エイズに対する異常なほどの危機感が、日本全国に渦巻いている。ワクチンがない、治療法がないために、感

◆◆◆STIに要注意◆◆◆

染したら死を免れることはできないという恐怖があるからだろう。その結果、依然として「蚊に刺されて」「キスで」「風呂やプールで」「吊革で」など、エイズの感染経路に対する無知が露呈されているだけでなく、「検査をして陽性だったら怖い」という貧困な発想の人が多い。思い当たる行為があるならば、検査を実施し、陰性ならば、エイズとは無縁なセックスが可能なのに、仮に陽性がでても、初めから終わりまでコンドームを正確に使用できるならば、感染の機会はゼロに近いといえるのに、実際には、検査を恐れ、結果を確認しないままの無謀で無防備なセックスが繰り返され、新たな感染者を次から次へと生み出している。

No Sex!（セックスしない）
Steady Sex!（特定なパートナーとのセックスに限る）
Safe Sex With Condom!（正確にコンドームを使った安全なセックス）こそ、エイズ防止の近道であることを知ろう。過去の清算を求める勇気を持とう。

エイズとどう付き合っていくか

大人たちのエイズ不安に揺れる姿を横目で見ながら、「困った大人ね」と笑っている君たち。その笑顔をいつまでも絶やさないで欲しい。君たちは希望の星なのだから。何が希望か？　君たちの今後の行為の如何が、わが国でのエイズの蔓延の方向を左右するからだ。幸いなことに、君たちのうちの大半が、まだセックス未経験者。セックスを感染経路とするエイズとは無縁の状態にいるってことだ。だから、近い将来、セックスの機会が訪れた時、セックス経験のないパートナー選びができるならば、二人の間にエイズ経験はない。仮にパートナーが既にセックス経験を持っている人であるとしたら、勇気をもって問うのだ。「私の安全のために、あなた自身の過去の清算をして欲しい」と。その結果のマイナスであればエイズとは無関係。仮に、陽性であることが判明したら、その時こそ、コンドームをきちんと使ってのSafe Sexが行われるならば、エイズ感染を免れることは決して困難ではないのだ。

今までのように、エイズ恐怖におびえるのではなく、エイズとどう付き合っていくかを積極的に考えなければならない。疑心暗鬼の中での男女関係をおそるおそる続けていくのではなく、知るべきことはきちんと知った上で、どんな関わり方ができるのかを考えていくのだ。検査を行い、必要によってコンドームを正確に使うという、こんな単純な方法で、エイズの蔓延を防止できるとしたら、それはもうヤルッキャない。素敵なセックスを体験するために……。

STI＝性感染症・防ぐ常識

STIってどんな病気？

"性病"と言ったほうが通りが良いかも知れません。セックスを介してしばしば感染する病気をひっくるめてこう呼びます。今、問題のエイズを筆頭に、梅毒、淋病、クラミジア、性器ヘルペスなどの病気（詳しくはP.113の表）が代表選手。今、戦後第2期の流行期を迎え、かなり深刻な事態です。赤痢や寄生虫でも、性的行為で感染すればSTIと言われてしまいます。

STIは誰でもかかる病気です。つまりSTIに言わせれば、人間ならば誰でもいいのです。性風俗だけの特殊なできごとと思ったら大間違いです。

STIは完ぺキ平等主義者

STIの感染パターンを見てると

- 男女差別をしない。
- 年の差を気にしない。
- 顔で区別をしない。
- 成績で選ばない。
- 経済力を問わない。
- セックス経験レベル不問。
- 愛は勝たない。

ことがよくわかります。

◆例題1◆

生まれて初めて燃えるような愛を知り、生まれて夢のようなセックスを体験しました。が、パートナーにはかつて一人の女性がいて、その女性には一人の男性がいて、そいつは超モテ男なので10人の女がいて、また彼にもそれぞれ男たちがいて、女たちにもそれぞれ男たちがいて……とどまるところを知りません。でもSTIは全員平等にとりついていたので、早速あなたにもとりつくことになりました。

◆例題2◆

不特定多数の男性とセックスしました。結果は言うに及ばずでした。

コンドームがからだを守る

STIのバイキンは男女の性器に繁殖していることが多いので、コンドームを、正しく使ってバリアを作っておけば、感染を防ぐことができます（→P.83）。が、日本ではコンドーム＝避妊具という意識がもっぱらで、STIリスクマネージメントという局面では、ちっとも有効利用されません。例題では便宜的に「不特定多数」なる用語を使いましたが、住所・氏名・生年月日・血液型・本籍・学校・バイト先・ケー番・メルアドのうち、いくつかは知っている特定できる個人だって、多数複数となりゃあもう感染リスクは同じだし。なのに厚生労働省の某研究機関の調べでは、「この1年間に、浮気の経験者で、コンドームを使った人＝たったの25％」。特に女性は「自分から使ってなんて、言わない、言えない」と答えている。それじゃダメなんだって。

特定個人が多数になる、そのワケ

ワケ① 告白⇒OK⇒即Hと、コトに至るのが早く、だから双方性格が分からず、従って気が合わないこともいつも繰り返す傾向がある。

ワケ② 付き合う期間はそれなり長く、当然別れるのは早く、をいつも多く、別れたモト彼をついもったいなくて、セフレにする傾向がある。

ワケ③ 彼の友達を気に入ると、内緒でヤリ友にしてしまう傾向がある。

ワケ④ グループもしくはテリトリー内の仲が男女問わずとても良く、良すぎていつの間にか「ビバリーヒルズ状態」になる傾向がある。

ワケ⑤ 気が弱いため、合コンなどではお持ち帰られを拒否できない傾向がある。

ワケ⑥ 気が強いため、合コンなどでライバルがいると、お持ち帰りを敢行する傾向がある。

ワケ⑦ 早い話が浮気っぽいため、本命一人が守れない傾向がある。

ワケ⑧ 浮気をされたら、仕返しに浮気をする傾向がある。

◆◆◆STIに要注意◆◆◆

今、ここにある危機・エイズとSTI。特定であれ、不特定であれ、その動機が純粋であれ、不純であれ、コンドームなし！のセックスを一度でもしたら我が身のこと。ましてや、のべ人数と頻度が上がればもはや、誰から感**染したのか、誰に感染させ**たのか、経路**不詳**のまま、治療も追いつかず、世界に広がります。オヤジの買春も問題ですが、自覚のある分まだしもマシ。『自分のからだは自分で守る』という確固たる意志なくして、何が**個人の自由・愛の賛歌**でしょう。このツボです。このままでは、バイキンどもの思うツボです。

パートナーは一人がベスト

おーきなお世話ではありますが、STIから真に解放されたいと願うなら、互いにパートナー一人を守るべきです。セックスライフを持つ前に、過去についてフランクに話し合い、不安材料があるなら**病院で検査**を受けましょう。二人ともマイナスと結果がでれば、もう何も恐れることはありません。なかでもエイズは今、日本でも異性間の性的接触による感染が急激に増えています。あなたにとってセックスとは何なのか。**セックスの重み**について、真剣に考える時がきています。

不特定多数が、多数である、そのワケ

ワケ**①~⑧**すべてが当てはまる。

ワケ**⑨** 浮気しないと収まらない傾向がある。

ワケ**①** ナンパするのもされるのも大好きだ。

ワケ**②** 出会い系サイトで出会いまくっている。

ワケ**③** どっちも当てはまってしまう。

このままいくともーすぐだね

ケケケ

アーハ

ウフフフ

111

STI＝性感染症・治す対策

性器の健康チェック

おもなSTIは、性器や泌尿器に症状がでるものです。日頃から鏡を使って注意していると、**早期発見**できることが多いのです。

性器の痒みや痛み。イボや潰瘍。おりものの臭いや色、量の変化。排尿時の痛み、尿道からの膿の漏出。下腹部痛。少しでも異常を感じたら、女性は産婦人科、男性は泌尿器科、性病科へかかります。エイズを除いて、STIは必ず治る病気です。

二人で治療

STIはセックスを介してうつる病気ですから、必ずやパートナーにも感染してると考えるべきです。ヤバイといって内緒で治療しても、またパートナーから再感染してエンドレスゲームです。ケンカはケンカ、治療は治療。セックスしたらお互いの健康には責任を持ちましょう。

エイズ 詳しくは次章で。男女とも、性器に症状はまったくでません。出産時に約半数の赤ちゃんに感染し、たちの悪い結膜炎や肺炎を起こします。

積極的に定期検診

STIの中には、ほとんど症状のないものもあります。その代表がクラミジアとエイズです。今いち、お互いに信用がおけないようなら、半年に一度は病院でチェックを入れておくことです。

クラミジア クラミジア・トラコマティスという病原体でかかります。目のトラコーマもこれ。男性の場合は尿道炎を起こし、症状が淋病に似ているので、「非淋菌性尿道炎」とも言います。

女性では、子宮頸管や子宮内膜、さらに卵管まで炎症が進むのですが、自覚症状が乏しく、気がつきません。このため産婦人科の検診では約11％、10代の女性に限れば約25％が陽性と

STIは女性にハンディ

STIを放置すると子宮の内部から卵管、卵巣まで炎症を起こしますから、流産や、不妊症の原因となることが多いのです。

また、STIにかかっている女性が妊娠すると母子感染といって、赤ちゃんにまでうつることがあります。胎盤を通しての垂直感染と、出産時の産道感染があります。主なものに梅毒、ヘルペス、クラミジア、エイズがあります。

女性にとって、より深刻な病気ということを、よく知っておいて欲しいと思います。

いう高い数字が出てしまい、インフルエンザなら**学級閉鎖**というはやりかたです。

112

◆▼▼◆STIに要注意◆▼▼◆

こんなにある主なSTI一覧表

病名	どんな病気なの？	病状は？	治療法は？
梅毒（ばいどく）	トレポネーマ・パリダムという細菌によって、キス、ペッティング、セックスでうつる。一度減っていた患者数が、最近また増えているというデータがある。	感染後、2週間ぐらいで外陰部や肛門周辺にしこりができる。初期、第二期、晩期と症状が変わってくるが最後は人並みの生活が送れなくなる。胎児にも感染する。	抗生物質の投与など、根気よく治療すること。
淋病（りんびょう）	淋菌によってほとんどセックスでうつる病気。最近、10代の患者が増える傾向にあるので、注意。	外陰部に発疹ができ、次に悪臭のあるおりもの、下腹部の痛み、発熱がみられる。	抗生物質の投与など。
軟性下疳（なんせいげかん）	軟性下疳菌が病原体の性病。最近ではめったにない。	外陰部、腟に赤い斑点ができ、次に痛みを伴った、軟らかいしこりになる。	病院でもらった薬をのむ。10日ぐらいで治る。
鼠径リンパ肉芽腫症（そけいリンパにくげしゅしょう）	クラミジア・トラコマティスが原因でおきる。	感染後、5〜21日で外性器に小さな水疱やブツブツができる。	病院で処方された抗生物質を飲む。
エイズ	HIV（エイズウイルス）によってからだの免疫が壊されさまざまな感染症にかかる。発病すれば、最悪は死に至る。人類の未来を左右するかもしれないSTI。	一般に1〜2年から15〜16年の潜伏期を経て発病。日和見感染（ひよりみかんせん）を起こし、様々な症状がでる。	現在、全人類の知恵をあげて、ワクチン、治療薬の開発が急がれているが根本的な治療法はみつかっていない。治療より予防が大切。
クラミジア	クラミジア・トラコマティスが病原体。感染が子宮や卵管にひろがると、不妊症の原因になることも。世界的に増加の傾向にある。	濃い黄色や緑黄色のおりものがでるが、気がつかないことが多い。	産婦人科で検査して、抗生物質を飲む。
性器ヘルペス	ヘルペスウイルスが性器に付き炎症をおこす。妊娠中におこった場合、出産時に新生児に感染、死亡する率が高い。オーラルセックスで感染することも。	感染して2週間ぐらいから米粒程の大きさの水疱がでる。激しい痛みを感じる。うつした方の男のコの症状よりうつされたほうの症状が大きいこともある。	病院で抗生物質、軟膏を処方してもらう。
尖圭コンジローマ（せんけいコンジローマ）	HPV（ヒトパピローマウイルス）の主に6型と11型に感染して起こる。仲間の16型と18型は子宮頸がんの原因ウイルスだったりする。	外陰部にいぼがたくさんできるのが特徴。患部がかゆく、熱をもったりする。	コンジローマを外科手術で切り取ったり、焼き切ったりして治療する。再発しやすいので、定期的な検診が必要。予防ワクチンもある。
かいせん・毛じらみ	かいせん虫や毛じらみ虫という寄生虫をもっている人から伝染するSTI。	とにかくかゆい。ぶつぶつや斑点ができたりもする。	軟膏・薬で虫がいなくなるまで治療する。

AIDS 私たち自身の問題として

AIDSは、こわい病気ではありません。こう言い切っちゃうと、エッ!?と思われるかもしれないけど、今は予防対策も、治療法研究も、社会の理解もどんどん進歩してるから。人間の英知をかけて、乗り越える希望が少しずつ、見えてきたんです。
AIDSに負けないための原則は次の3つ。初めに確認してから、詳しい本文を読んでください。

原則① 正しい知識で感染を予防する

AIDSの原因となるHIV（ヒト免疫不全ウイルス）は、ごく限られたルートでしか感染しません。みんなにとっての可能性の1つは『感染者との、コンドームをきちんと使い通せない場合のセックス』。セックスをしたいと思うパートナーができたら、事前に二人で検査を受ける。互いの陰性が確認できたら、ステディな関係を保てるようにする。陽性の時、確認できない時は、セックスパートナーに（あなたが女性なら将来生まれてくる子供にも）極力うつさないようにできます。いとしい人につらい思いをさせないですむのです。

同時に自分のためでもあります。いい薬がいろいろできたので、感染早期から健康管理と治療を心掛ければ、10年～20年と発症を抑え、健康に暮らせる可能性が高いからです。

原則② もしもの時は HIV感染を早く知る

感染の可能性のある行為をしたら、積極的に検査を受けます。感染の事実を知っておけば、AIDSの原因となるHIV（ヒト免疫不全ウイルス）は、ごく限られたルートでしか感染しません。みんなにとっての可能性の1つは『感染者との、コンドームをきちんと使い通せない場合のセックス』。セックスをしたいと思うパートナーができたら、事前に二人で検査を受ける。互いの陰性が確認できたら、ステディな関係を保てるようにする。

原則③ 社会をサポートする

AIDSのメカニズムが分かってきても、世間にはまだまだ間違った偏見や差別感を持つ人がいます。HIVに感染するのは、決して特別な人ではありません。また世界に目をやれば、貧困や地域紛争などで、教育も予防も治療も行き届かず、流行をくい止められない国が多くあります。若くて元気なみんななら、これからできることがきっとあるはず。心にとめておいて欲しいと思います。

◎AIDSって何?

どんな病気?

Acquired＝後天的に、生まれつきじゃなく
Immuno＝免疫（が）
Deficiency＝ダメになって
Syndrome＝いろいろな症状がでること
英語の頭文字をとってAIDSと呼ばれます。日本語では「後天性免疫不全症候群」。い

★★★AIDSを考える★★★

もともとは自分のからだの中になかったにも直訳っぽいメンドーな名前になります。

HIV＝ヒト免疫不全ウイルスが侵入してきて、人間が本来もっている免疫＝からだの抵抗力が低下し、いろいろな病気にかかってしまうものです。

いつ頃、発見されたの？

初めての患者が報告されたのは'81年、アメリカ。まずロサンゼルスで、カリニ肺炎という原因不明の免疫不全をおこし、男性5名が報告され、研究が始まりました。翌年アメリカ国立防疫センターがAIDSと命名。原因となるHIVは'83年、フランスのパスツール研究所で確認されました。日本でもすでに'83年、死亡例があったことが知られています。

HIVの起源は？

ウイルスのタイプからみて、この100年ぐらいの間、比較的新しい時期に発現したものと言われています。サルやチンパンジーにもAIDSがあるので、そのウイルスが進化して、人間に感染するHIVになったという説が一般的です。近年の調査で、1959年にアフリカ中央部で採血された保存血から、HIVの抗体がみつかりました。ただアフリカを発祥地とする証拠はなく、もちろん、いつ・どこで・誰が・初めて感染したかは分かりません。現状からみて、**1970年**

代のほぼ同時期に、アフリカ、アメリカ、ヨーロッパでジワジワと流行が始まっていたのでしょう。

（AIDSはほかにネコなどにもありますが種が違うと互いに感染することはありません）

HIVの感染ルートは？

HIVは、感染者の血液、精液、腟分泌液などに存在します。これらが傷ついた皮フや皮フ粘膜にばっちりべったりついた時、初めて体内に入って感染が成立します。

具体的には**性的行為**（同性、異性間を問わず）、**血液**（輸血による感染も稀にだが報告されている。麻薬の注射針の共用）、**母子感染**（→P.120）などが挙げられます。HIVは、ほかの病原体と比べたら感染力が弱く、また体外に出て空気や水に触れるとすぐ死んでしまうので、汗や唾液、性的行為以外の日常的な接触ではいっさい感染しません。

HIV感染とAIDSは違うの？

HIVは感染すると、人間の血液中のリンパ球にひそみ、じょじょに免疫力にダメージを与えていきます（→P.122）。しかし感染直後に症状がでることはまずなく、個人差がありますが5年～15年以上、まったく無症状の**潜伏期**が続きます。この期間の人をHIV感染者、キャリア、ポジ

ティブ（陽性者）などと呼んでいます。

一方AIDSとは、潜伏期を終えて、免疫力がすっかり弱って、さまざまな病気（→P123）を引き受けてしまった状態のことです。

発症した人がAIDS患者です。

ただ、症状のないHIV感染者でも、他人に感染させる可能性があるので注意が必要です。特に本人が感染に気づかないでいると、セックスパートナーを通して、2次感染、3次感染を広げてしまう危険性があります。

感染してるかどうか調べる方法は？

簡単な**血液検査**でわかります。感染すると6～8週間後に血液中にHIVの抗体ができますから、それをチェックします。感染の可能性のある行為をしたら、その約3カ月後に受けてください。全国の保健所で**無料＆匿名**で受けられるし、カウンセリングも行っています。ただ日時が決まっているので、事前に問い合わせを。一般の医療機関でもやっていますが、こっちは有料になってしまいます。

保健所で検査を受けよう

結果
プライバシーはぜったいまもられる!!
ちゅー

AIDSをとりまく状況

発途上国が多いのも事実。経済大国・日本、やることはいっぱいあるゾ。

世界のAIDSの情勢は?

UNAIDS（国連合同エイズ計画）とWHO（世界保健機関）の2016年末の統計によると、全世界のHIVとともに生きている人は、3670万人。現在も新たな感染者は年間180万人といわれ、死亡者数は年間100万人を数えます。

流行に地域差があるのは、社会や性文化のありかたにもよりますが、感染を大きく広げた要因として、貧困や社会不安、地域紛争に伴う麻薬の常習、買売春などが挙げられます。

南北の経済格差

また、感染者数が頭打ちになる国が多い中で、アジア地域だけは増加の勢いが衰える気配がありません。中国やインドを中心に、初めは麻薬の回し打ちや買売春を通して、'90年代からは性的行為を通して一般家庭にも入り込み、急速に広まっており、楽観をゆるしません。

世界のAIDS対策は?

UNAIDSでは、医療、衛生、教育、経済などグローバルな立場で対策に取り組んでいますし、各国とも予防、医療の充実に力を入れています。しかし問題をかかえている開

HIV感染者・AIDS患者推計総数　地域別状況（2016年）

地域	HIV陽性者（総数）	HIV新規感染者			AIDSによる死亡（総数）
		総数	15歳以上	0-14歳	
東部および南部アフリカ	1,940万人	790,000人	710,000人	77,000人	420,000人
アジア太平洋	510万人	270,000人	250,000人	15,000人	170,000人
西部および中央アフリカ	610万人	370,000人	310,000人	60,000人	310,000人
ラテンアメリカ	180万人	97,000人	96,000人	1,800人	36,000人
カリブ海沿岸	31万人	18,000人	17,000人	1,000人以下	9,400人
中東・北アフリカ	23万人	18,000人	17,000人	1,400人	11,000人
東欧・中央アジア	160万人	190,000人	190,000人	―*	40,000人
西欧・中欧・北アメリカ	210万人	73,000人	72,000人	―*	18,000人

＊発行時までに推計不能　　注：概算値のため合計は必ずしも一致しない　　UNAIDS資料（2016）

教育への援助：AIDSは正しい知識があれば防げる病気です。無防備な性的行為や、麻薬の回し打ちなどの危険性を知っていれば、予防手段が取れるのです。でも世界には小学校にも満足に通えず、字の読めない人もたくさんいて、必要な人に、必要な情報が届かずにいます。まず、教育のチャンスが保証されなければなりません。

経済・医療への援助：貧困のために売春をしなくてはならない人はあとをたちません。中には10代前半の少年少女もたくさんいます。自立のための生活・経済援助が必要です。

また、予防に有効なコンドームや、高価なAIDS治療薬が満足に手に入るのは先進国に限られてしまいます。医師など医療従事者も不足しています。医療面での援助は、緊急の課題です。

紛争解決への援助：戦争やテロのために社会が荒廃すれば、さまざまな病気の温床になります。AIDSのように、買売春や麻薬の乱用が感染ルートになる病気では、致命的です（事実、アフリカ諸国では、紛争で難民、軍、ゲリラ部隊などが移動するに伴い、流行が広まった側面があります）。国際平和への貢献も視野に入れなければなりません。

★ ★ ★AIDSを考える★ ★ ★

日本の現状は？

'91年以降、**異性間の性的行為**による感染が急増しています（→P.118）。感染地域も**国内**中心、**女性**や**若い世代**の割合も増えています。

特に心配な材料としては、HIV感染者・AIDS発症患者がみつかる人の3分の1が、AIDS発症患者だという点。みんな**無関心**から、感染に気づいてないっ、とゆーアブなさっ!! です。

新規HIV感染者及びAIDS患者報告数の年次推移（日本）

薬害AIDS

◆原因は血液製剤

おもに血友病の治療薬である血液製剤（正確には濃縮血液凝固因子製剤）にHIVが混入していたため、日本において2000人近い感染者を出した事件をこう呼びます。感染者の約3分の1はすでにAIDSを発症、死者は560人を超えています。

血友病は血が止まりにくくなる病気で、関節内に出血して痛んだり、時に脳内の出血で生命に危険が及んだりするため、血液製剤は治療に欠かせない薬になっています。しかし'80年代初頭、原料であるアメリカからの輸入血液によって、汚染が広がっていたのです。

◆アメリカでは早期に危険性指摘

一方、そのアメリカではAIDSが注目され始めた'82年には、血液製剤による感染の可能性が指摘されており、'82年3月には加熱処理した製剤が認可されています。

これらの情報は、当然日本にも伝わってきました。同年夏に厚生省が組織したエイズ研究班は、加熱製剤の緊急輸入や国内血を原料とした製剤（クリオ）への変更を検討しているし、血友病患者からAIDSを疑うに十分な死者も報告され（帝京大症例）、翌年には抗体検査で陽性者も確認されています。血友病患者の中にも、不安の声がありました。

◆対策を怠った日本

にもかかわらず、日本では'85年7月に国内メーカーが作った加熱製剤が認可された後まで、危険な非加熱製剤が使われ続けられました。感染を危惧する感染者への告知もきちんと行われなかった

ため、恋人や配偶者への2次感染もおこり、被害を大きくしました。

そこには「疑わしい製剤は使わない」という患者の安全を最優先するための緊急な対応が、国・製薬会社・医療関係者のいずれにも欠けていました……。もし加熱製剤が緊急輸入されれば、加熱技術が遅れていた日本の製薬会社が、打撃を受けるのは明白だったのです。

◆被害者が薬害訴訟を

'89年、被害者は「安全対策を怠った」として国と製薬会社5社を相手取り、大阪と東京で薬害エイズ裁判（血友病HIV感染者救済訴訟）を起こします。被害者の中から家西悟氏（現衆議院議員）や当時高校生の川田龍平氏（現参議院議員）らが実名を公表、厳しい闘いに世論は大きく盛り上がりました。

訴訟は'95年3月結審、裁判所は同年10月に国の責任を明確にした『和解勧告』を提出。'96年3月、菅直人氏が当時厚生大臣として初めて正式謝罪、続いて「おわびと原因の追究」、被害者の救済」の確認書に国と製薬会社5社が調印し、和解が成立しました。

また非加熱製剤は肝臓病などの出血性疾患、出産や手術時の止血剤としても使われ、感染者を出しています。それらの被害者を含む訴えを受け、検察は主に業務上過失致死事件として関係者を起訴しました。

◇製薬会社責任者二名に対するもの──'05年6月、最高裁で禁固1年6ヶ月と、同1年2ヶ月の実刑が確定。

◇厚生省（当時）の担当官に対するもの──'08年4月、最高裁で禁固1年執行猶予2年確定

◇指導的立場にあった専門医に対するもの──'05年6月、被告人死亡で公訴棄却

性感染症

STIとしてのAIDS（エイズ）

みんなの日常生活で、ほとんど唯一感染ルートとなるのがセックスです。HIVを含むSTIの感染者は、ナンパ出会い系サイト遊び人テレクラおミズ系バイト援助交際の専売特許ではなく、多数派の普通の一般の人々に広がっているという現実。そしてHIV感染者の精液、膣分泌液、血液には、HIVが存在するという事実。セックスの前に必ず考えてください。

みんなのこと、とっても心配!!

クリニックに寄せられる電話相談から、ここ数年、10代のセックス経験がバリバリッ音をたてて**増えている**のがよく分かります。ま、そのこと自体をどーこー言う気はないですが、心配材料はてんこ盛りです。

①つきあってからセックスするまでの期間がすごく**短い**。
②わりと短期間にパートナーが代わる。従ってセックスパートナーの、のべ**人数が増える**。
③同時に**複数**のセックスパートナーを持つ例も、ままある。

こんな短期決戦型の恋愛では、パートナーと避妊やSTI予防について、納得いく話し合いができようハズがありません。それが証拠に『コンドームをいつも使う』は半数以下、結果『一日でも生理が遅れると不安でたまらない』と異口同音に書いてくる。いわんや、STIのことなんか、爪の先ほども考えていないでしょう、アナタッ!

激増するクラミジア感染症

AIDS同様、自覚症状がほとんど出ないSTIのクラミジア（→P.112）が現在日本で**大流行**。日本性感染症学会の報告では感染症をはじめ、子宮頸管部からのクラミジア検出率がすごい!
既婚女性約5％
未婚女性約13％

あきらかに、**みんなの世代が最大のターゲット**で、もろ、みんなの世代の性行動を反映している数字じゃありませんか。

ここにHIV感染がかさなったらと思うと、いや、すでにかさなり始めていると思うと、背筋がバリバリッ凍ってしまいます。

★★★AIDSを考える★★★

性行為で感染するプロセス

確かにほかのSTIにくらべたら、一見確率は低いのですが、これはあくまで机上のデータ。**現実には1回1発で感染**する例はあるし、感染すれば、おそらくは生涯、この病気との厳しい闘いを続けなければならないのです。

■定番のセックスの場合は?

ここでは女性の腟に、男性のペニスを挿入する行為を定番として考えます。性器はご存じの通り、男女とも手足のような頑丈な皮フではなく、傷つきやすいデリケートな粘膜でおおわれています。ピストンしてると、どうしても目には見えない、細かい傷がつく。そこから感染者の精液、腟分泌液、月経血の中のHIVが侵入するのです。

■感染の確率は?

感染率でいえば、コンドームを使わないセックスの場合、女性が百分の1、男性が千分の1。男性の方が少ないのは、行為のあとでペニスについた腟分泌液は拭きとられるかかするし、尿道には入り込みにくいし、入ってもオシッコをすれば流されやすいから。半面、女性が不利なのは、腟粘膜の面積が広い上、精液が精子の運動にともない、子宮に入ってしまうからです。

■オーラルセックスの場合は?

性器を口で愛撫すること(男性に対してをフェラチオ、女性に対してをクンニリングス)。口の中も食道も粘膜なので、感染者の精液や腟分泌液をふくんだり、飲んだりすれば確率は少ないとはいえ、感染の可能性があります。ただし、クラミジアや淋病についていえば、感染の40%がオーラルセックスによるものという恐るべきデータもあります。

■アナルセックスの場合は?

男性のペニスを、女性または男性の肛門に挿入するセックスです。挿入された側が感染者なら、出血した血液中のHIVが、相手のペニス粘膜の傷から侵入。挿入する側が感染者なら、精液中のHIVが直腸粘膜から侵入します。この場合、肛門括約筋が精液をモラさずキープするので、感染率はかなり高くなります。

■ディープキスの場合は?

口の中の粘膜が、双方とも傷ついていて出血していれば、理論的に可能性はあるのですが、常識的にみて感染が成立するほどの大出血は考えられないし、現実に感染例はありません。まあ、歯を抜いた直後同士はヤメた方がいい、という程度です。

■女性同士のセックスは?

腟分泌液が、相手の体内にドバッと入ることはないので、ほとんど問題になりません。

■ほかのSTIにかかっていると?

多くのSTI(→P.112)は性器や口の中、喉の粘膜に炎症を起こします。そのため傷つきやすく、**HIVも侵入し やすく**なります。たとえばクラミジアに感染している人の場合、HIVの感染率は3〜4倍にUP!!危険度激増です。

◎HIV感染防止マニュアル

性的行為の場合

セックスはあなたが自分で選び、自分の責任でするものです。そして性的行為を通して、HIV感染を心配しなければならない時代を迎えた今、危険な行為に出るか、出ないかも、あなたの**選択**であり、**責任**なのです。

① **セックスをしない**
告白→OK→つきあう→セックスする。みんなの声を聞いていると、セックスはしなきゃいけないモノだと思い込みすぎてる気がします。したくなければ、感染の不安があるなら、NOと断る自由がある。**断っちゃえ**。これがパーフェクトの予防策です。

② **セックスパートナーをお互いに1人に限定する**
男女とも初体験同士であれば、HIV感染の可能性はまず皆無です。そして永遠に浮気をしなければ、永遠に安全です。【ただし非加熱製剤は少なくとも'85年7月まで、一部は回収の終わる'87年代まで、血友病その他の出血性疾患や手術後の止血剤として使われていたので、思い当たる治療を受けた人は検査が必要です。(→薬害AIDS P.117)】

③ **不特定多数その他もろもろ軽はずみなセックスはしない**。せめてもの願いは、常に確実に**コンドームを使って**いただくことです。**問答無用**。

にいって、感染の有無を確認してから**気にしないで**、存分になさってください。陰性が確認しあえたら、**浮気をしない**ようにします。万一陽性の場合でも、いつも正しくコンドームを使えば、感染を防ぐことは可能です。以上、遠慮してる場合じゃありません。お互いの健康と未来に責任を持てないような、**危険なセックス**をして楽しいですか？HIV感染は、あなたの将来に様々な影響を与え、大切な家族を悲しませる、深刻な病気なのですよ。

経験者なら、事前に話し合って、**検査**

【HIV感染・心配無用】

日常生活――性的行為と母子感染と麻薬の回し打ちを除いた――でHIVに感染することはありません。こいつらは性格は悪いが根性はなく、人間のからだの外では生きていけない。水で熱で空気乾燥であっと言う間に感染力を失います。そこらにウロウロしてるなんて心配は全然なし。

● **心配無用　デイリー編**

HIV感染者と(の)一緒に食事する、鍋をかこむ、ソフトクリームをなめ合う、汗・セキ・クシャミがかかる、握手する、ほっぺを寄せ合う、同じお風呂やプールに入る、同じ蚊に刺される、同じタオルやヘアブラシ、化粧品を使う、同じ便座に座る、同じ電話を使う etc. etc.
↓
感染の心配はまったくありません。

★★ ★AIDSを考える★ ★★

母子感染の場合

◆感染の可能性

女性の感染者が妊娠した時、主に胎盤を通して胎児に直接感染する可能性があります。ほかに出産時の産道の出血や、母乳で感染することもあり、気がつかないまま出産・授乳した場合、感染の確率は約30％といわれています。

ただ、最近の研究で妊娠中にAIDS治療薬を服用し、さらに帝王切開（お腹を切って赤ちゃんを取り出すこと）で出産すると、感染の確率を8％程度にまで下げられることが分かってきました。このことからも、特に女性には自分のHIV感染の有無を確かめておいて欲しいと思います。

◆出産の選択は女性自身で

もちろん、出産にはさまざまなリスクを考えなければなりません。現状では母子感染を100％防ぐことはできないし、感染すれば赤ちゃんのAIDS発症と死亡率は低くない。感染をまぬがれても、障害を持って生まれてくる可能性もある。母体も出産によってダメージを受け、AIDSを発症する恐れがあるし、最悪は赤ちゃんが成人するのを見届けられないかもしれない。

そーとーにキビシイ現実です。しかしどんな状況にあっても、**産むか産まないかを決めるのは、最終的に女性自身**です。パートナーはもちろん、主治医や家族、周囲の人たちと納得のいくまで話し合い、結論を出してください。

麻薬に手を出す犯罪行為の場合

HIVが麻薬がらみで感染するのは、回し打ちといって、みんなで1本の注射器を使い、麻薬の静脈注射をするからです。この中に感染者がいると、その注射器にまざりますから、後から打って麻薬の注射液にまざりますから、後から打つ人全員に**血液が逆流**してうつってしまうのです。

もちろん麻薬そのものにHIVがいるワケではないので、自分専用の注射器を使う限り、**人間はヤメても、**AIDSにはなりません。麻薬による感染の多い国では、窮余の策として、麻薬常習者に注射器を無料で配っているほどです。

●心配無用 お世話編

HIV感染者のオシッコ、ウンコ、ゲロの世話や始末をする
↓
これらには、HIVがごくちょっぴりいたりしますが、これっぽっちでは感染力はゼロ。感染の心配はまったくありません。

●心配無用 医療関係編

献血する
↓
採血に使う注射針は1回ごとの使い捨て。献血するあなたが感染することはありません。また、集められた血液についても、すべてHIV抗体のチェックをしています（ただしその結果が個人に通知されることはありません）。また、加熱処理もされ、日本での輸血は心配ありません。

注射、検査、診療、鍼治療などを受ける
↓
世の中にはHIVより感染力の強い病原体が山ほどいます。その感染予防対策も含め、医療器具はすべて使い捨てや消毒が徹底しています。心配なしっ。

121

進化するAIDS(エイズ)の治療

ここ数年、AIDSの治療薬は格段の進歩をとげました。感染＝死ではない。早期発見を心掛け、きちんと治療方針をたてれば、発症をコントロールして健康に暮らしていける。専門家はAIDSを『治療可能な慢性疾患(まんせいしっかん)』と位置づけています。

◆免疫とHIV①

私たちの免疫＝病気に対する**抵抗力**になっています。バイキン類を喰い殺したり、攻撃物質を作って蹴散らしたり、抗体を作って調べてみるとなかなかのものです。白血球はこれら役割に応じて何種類もいますが、その中で一番エライヤツが**CD4陽性リンパ球**と呼ばれます。総司令官を務めるリーダーです。

ところがHIVは人間の傷口から侵入、血管にもぐりこむや、卑劣にも!! いきなりこの**CD4陽性リンパ球にとりつく。** そして遺伝子を乗っ取り、自分のコピーを作って増殖する。だから免疫システムはガタガタでHIVをやっつけることができません。こうしてHIVは死ぬまで人間のからだの中に居座ることになるのです。

治療コースA
人間の免疫力をサポートしてAIDSの発症を遅らせる

◆免疫とHIV②

潜伏期(せんぷくき)

感染後の無症状で健康な人と変わらない時期です(一部、感染1〜2週間後に発熱や食欲不振、関節痛などを起こす人はいますが、一過性で風邪と区別がつきません)。潜伏期は個人差が大きく5、6年〜15、16年。中には20年以上のロングサバイバーもいます。

この間、HIVは増殖し、本来血液1マイクロリットルあたり1000個程度あるCD4陽性リンパ球をじりじりと減らしていきます。

AIDS関連症候群期(かんれんしょうこうぐんき)

CD4陽性リンパ球が400以下に減ると、あきらかに免疫が落ち、原因不明の発熱、寝汗、倦怠感、貧血、下痢、体重の減少などが起こります。本格的な発症の前ぶれです。

AIDS発症期

CD4陽性リンパ球200以下。免疫がとても弱くなり、普通ならなんでもないハイキン類につけこまれ、いろいろな感染症を起こします(日和見感染(ひよりみ))。この感染症の症状は、カポジ肉腫などのガンも含めて23種類。多くは複合的に起こり、ひとくちにAIDSといっても、バラエティに富んでいます。発症期になると、ウイルスの変位などで薬の効きにくい難治性のタイプも出てきます。だからこそ早期発見、治療が大切なのです。

◆HIVの増殖を抑える薬

今のところHIVを完全に死滅させる治療薬はありません。でもHIVの増殖を長〜く延ばせます。病気を管理し、上手に付き合っていく、まさに慢性疾患対策です。

現在はさまざまな薬が開発され、これらを適宜ブレンドして投与することで、高い効果を上げられるようになり、発症を遅らせたり、発症後もコントロールすることが可能になりました。副作用も軽減されています。

ほかにも遺伝子治療やワクチンを含め、新薬の研究は目白押しですから、近い将来には、その人の本来の寿命まで、元気に生きられる可能性が大いにあるのです。

HIVの増殖を抑え、CD4陽性リンパ球を守ってやれれば、潜伏期を長〜く延ばせます。

治療コースB
AIDS発症後の日和見感染を退治する

健康な人なら何でもない、からだの中に飼っていてもどうってことない、そこいらにいるバイキンやカビに負けて、感染症やがんを起こすのです。

★★★AIDSを考える★★★

日和見感染ということです。これも研究が進んで、それぞれにいい薬ができてきました。CD4陽性リンパ球の数値を見て予防薬を投与したり、定期検診で早く見つけてたたけば、相当の**延命効果**が期待できます。発症しても回復して、日常生活に戻れるケースも多くなりました。

なお、日和見感染は、健康な人には決して**起こりません**から、AIDS患者をこわがるのは実にナンセンス。むしろ、あなたが患者・感染者に風邪やら水疱瘡やらをうつさないよう、十分に注意をして!!

主な日和見感染症

ニューモシスチス肺炎：ニューモシスチス原虫が原因でセキ、発熱、呼吸困難を起こしますが、薬がよく効き、発症や再発をかなり防止できます。

カンジダ症：真菌というカビの一種で、普通の人でも爪や膣に軽い炎症を起こすことがあります。AIDSでは口腔、食道、内臓などに潰瘍を起こし、物が飲み込めなくなったりします。でもいい抗真菌剤があるので、命にかかわることはありません。

トキソプラズマ脳症：時々ネコのウンチにいたりする原虫です。けいれんや意識障害、時に腹膜炎を合併することもあります。治療法と予防薬が確立しています。

サイトメガロウイルス感染症：ヘルペスウイルスの仲間で、いろんな悪さをしますが、代表的なのが視力障害や失明を引き起こす網膜炎です。定期的に眼底検査を受け、薬で発症、再発防止をはかります。

HIV脳症：HIVのために脳細胞がダメージを受け、老人性認知症のような症状がでます。かなり末期の症状です。

治療コースC カウンセリングで生活の質を高める

治療法が進歩しても、HIV感染が手ごわい病気であることに変わりありません。また、STIという側面を考えれば、パートナーへの告知や2次、3次感染の問題、子供への母子感染の問題もクリアしていかなければなりません。そして

・未だに差別や偏見がなくならない
・家族や周囲の人たちとの人間関係が不安
・生活や将来設計を変更する必要がある
・治療は生涯続けなければならず、お金や時間がかかる
・どんな病気もつらいものですが、社会の受け入れ態勢が不十分なHIV感染は**精神的に大きな負担**を伴います。

患者、感染者の心をサポートし、積極的に治療に向かえるように。パートナーの理解のもとで、安全なセックスライフが送れるように。家族や周囲の人々が共に闘い、応援してくれるように。学校や職場が理解してくれるように。必要な公的援助が受けられるように。

一人一人の人権を守り、今まで以上に生活の質=**クオリティ オブ ライフ**を高める。主治医とともに精神科医、カウンセラー、ソーシャルワーカーなどが重要な役割をになっています。

現在、エイズ拠点病院として全国に380ほどの医療機関が選定され、スタッフの育成が始まりました。街の開業医の中にも治療に積極的な医師がいます。民間のボランティア団体もさまざまな活動を繰り広げています。患者、感染者のネットワークもいろいろあります。末期を迎えた患者のケアセンターやホスピスももちろん必要です。

これらをもっともっと**大きな輪**に広げるのは、**私たち全員の役目**です。自分自身の問題として取り組まなければなりません。

AIDSと共に生きる

感染者の権利のために

アメリカには『障害者保護法（ADA）』という法律があります。障害者が健常者と**同等の権利**を有し、**自立**できるように支援するための法律です。

この障害者にはHIV感染者や患者も含まれ、学校で企業で社会で、いかなる差別も受けてはならないと規定されています。

AIDSが注目されてから長い月日がたちました。HIVは、性的行為を除く日常生活ではいっさい感染しないと、科学的にも経験的にも立証されました。感染者が、少なくとも発症を迎えるまでは、健康な時とまったく変わらない生活を送れることも分かっています。

自分がHIV感染者＝ポジティブ（陽性）だということを、**ポジティブ＝前向きに生きる**という思いを込めて、カミングアウトする（名乗り出る）人が、日本でも増えてきています。差別と偏見、いじめとシカトの不幸な時代は、もうきっぱりと終わらせる時がきたのです。

良いAIDS、悪いAIDSはありません

薬害AIDSは、二度と繰り返してはなら

なんとな〜く生きるなんて"贅沢"が、できなくなった

ジョセフ・パトリック・ボンマリート

命の期限を知ったとき

彼氏欲しぃ〜い！Hしたぁ〜い！そう思っているのは、ティーンエイジャーのみんなだけじゃなくて、ゲイでHIVポジティブのボクも一緒。いや、みんな以上に強く思っている自信はある！この5年間、不幸ことに3カ月以上続いた彼氏はいないけど、オ○ニーは毎日朝晩2回、Hは2週間以上空けずにヤッてるよ。

そうじゃないとボク、体調悪くなるから……って、いきなりボクの性生活の話をしたりして、引かせちゃったかな？　でも勘違いして欲しくないんだ、HIVに感染しているからといって、禁欲生活を送っているわけじゃないってことを。

ボクがHIVに感染したのは'88年、NYに住んでいたころで、当時付き合っていた人から。彼から「HIVポジティブなんだけど、それでも付き合ってくれる？」って聞かれたとき、一瞬どうしようって迷わなかったといったらウソになるかな。でも、

当時ボクのルームメイトにポジティブの人がいて、普通に仕事もHもできることを知っていたし、何より彼を愛し始めていたから、ボクはオーケーしたんだ。

ずっと、ボクらはセイファーセックスを心がけていたんだけど……。半年後、ボクは自分がHIVに感染していることを知った。

「アナタは陽性です」って告知されたときは、そりゃショックだったよ。頭の中が真っ白になった。当時は、HIVに感染したら8〜10年で死ぬって言われていたから、あと10年しか生きられないのかって。

いつか死ぬことぐらいわかっていたけど、命の期限をつきつけられて、動揺しない人なんていないと思う。その一方で、ボクの場合、予想通りの結果だなって思った自分がいたことも確か。その自分はすごくクールで、これからの人生について考え出していた気がする。仕事、恋愛、夢……etc．

ボクには、彼と付き合うことを決

★ ★ ★AIDSを考える★ ★ ★

ない悲しい事件です。被害者への支援と、国や製薬会社、医療機関の責任追及を、これからも私たちは忘れるわけにはいきません。

でも、もしその時、薬害AIDSの被害者は「気の毒」だけど、麻薬やセックスで感染した人は「自業自得」だと、偏見にとらわれてしまったら？ せっかく血友病の人たちが、その厳しい闘いを通して、AIDSという病気に対する無理解と差別が、**悲劇**をより大きくしたことを、教えてくれたのに。世の中、ちっとも進歩しないではありませんか。

英知をかけて克服したい

セックスを通してであろうと、病気は病気。誰だって、いつ感染するかわからないのに、良いも悪いもありません。治療と支援が必要なのは変わりありません。

そりゃあ買売春や麻薬までいったら、褒められたモノじゃないですが、人間、誰しも完ペキってワケじゃない。そんなことも、しでかしてしまう弱さを含めて人間。そして、その弱さをも認め合い、支え合い、助け合えるのもまた人間。人間の英知なのです。

21世紀をむかえ、AIDSは必ず克服されなければならない病気です。若いみんなの**知恵と力と勇気と愛**で、すべての人が等しく、その生と性をまっとうできる社会を切り拓いてくれることを、願わずにはいられません。

めたときから、自分も感染する日が来るんじゃないかって、覚悟みたいなものがあったのかも知れない。

それから、15年。10年で死ぬ予定が、5年も多く生きている。感染する前と後とで、一番大きな違いは、いつも何かの目標に向かって生きているってこと。感染を知ったときから、ボクは、なんとな〜く生きるなんて"贅沢"が、できなくなったんだ。

生きるために払うリスク

今HIVは、いい薬が開発されたおかげで、死と直結する病気から、共に生きる病気に変わったと思う。

でも、毎年エイズで死ぬ人は、後を絶たない。この間も、アメリカのある病院で、去年エイズで死んだ人が、80人いたっていうニュースがあって、その9割以上が薬を飲んでいなかったんだって。エイズで死ぬ人で、薬を飲まないケースって結構あるんだけど、これが何を意味しているかわかる？ いかに薬を飲み続けるのは、ストレスが大きいかってことなんだ。

薬によっては、飲むタイミングが複雑で、1日に数リットル以上の水を飲まないといけないとかある。副作用が強くて、起きているだけでシンドイ場合もある。ボクも副作用のツラさは嫌というほど味わってきた。頭痛、吐き気、下痢。尿路結石にもなったし、皮下脂肪がついて体重が10キロ増えたことも。生きるために払うリスクは大きいから、薬を飲むのをやめちゃう人が多いんだけど、ボクは違う。雑草のように、踏んでも切られても、生き続けることに執着する道を選んだから。

（2003年にインタヴュー）

撮影　高橋聖人

DJパトリック
1965年、アメリカ生まれ。クラブDJを始め、自身のレコードレーベル『Positive Beat Records』をかかげ、音楽制作にも励む。またHIV／エイズ活動家としての顔を持ち、マスコミに登場し講演活動も行ってきた。2013年4月死去。

取材・文　茅島奈緒深

乗り切りノート

産婦人科の基本マニュアル

月経の心配、おりものの心配。思春期からは女のコだけのからだの悩みがふえてきます。そんな時の味方が産婦人科のお医者さん。でも、初めてだとアガってしまいそう……。どんな病院なのか、まず北村先生にQ&A。

だ。産婦人科では、そのすべての相談に乗っちゃう。女性のからだをトータルで考えるお医者さんだと思ってもらえばいいかな。

■産婦人科医ってどんなお医者さん？

一言でいえば『女性のためのホームドクター』だね。妊娠する性を持つ女性のからだは、とってもデリケートにできている。中でも女性ホルモンは、女の人の健康の鍵を常に握ってることを知って欲しい。
例えば思春期なら月経や排卵の問題だけじゃなく、貧血、低血圧、冷えやのぼせ、体臭、ベンピ、ゲリ、さらに毛深いとか太ってるとか…、ニキビ、全身的な悩みも、このホルモンの影響を受けていることが多いん

■じゃ、妊婦さんだけじゃない……

そう。小さな女のコから、お年寄りまで来ているよ。幼くても腟炎にかかることはあるし、小学校低学年で初経があれば心配だ。それから君たち思春期の問題。セックスを体験するころになれば、妊娠やSTIや避妊の指導も診療の一つだね。

■もっとオトナになると？

出産、あるいは不妊の治療。子宮や卵巣の病気というケースもある。30代になったら子宮筋腫やがんなどの検診のために訪れる人もいる。さらにみんなのママぐらいからは、更年期といって、卵巣が生殖年齢を終えて一休みする時期に入る。ホルモンのバランスが変わるため、のぼせ、冷え、肩凝り、腰痛、イライラといったトラブルが出やすいんだ。女性が健康で、パートナーとも生き生き暮らせるように、産婦人科とは一生のお付き合いってワケ。

ふぅーん

126

からだのトラブル

思春期の問題を詳しく教えて

一番多いのが、月経のトラブルだね。特にダイエットによる無月経。こんな時はすぐ病院へ来て欲しい。他には月経の不順、月経時の痛み。おりものやおっぱいの心配。子宮が未発達で、ホルモンもまだアンバランスな思春期は、悩みがいろいろ出てくる。たとえ小さな不安でも、かかえたまま毎日暮らすなんてナンセンスだからね。僕たちを積極的に利用してよ。

った全身状態を診るほうが大切になる。

最近は『思春期外来』といって、思春期の女のコと男のコのための専門の科を設けている病院も多いから、訪ねてみるといい。ちなみに僕のクリニックもその一つ。

基本的には、小児科や内科で診察するのと同じこと。リラックスしてのぞんで欲しい。

セックスを経験している女性で、妊娠やSTIの可能性があれば当然、内診は必要。オトナの女性としてきちんと対応できなきゃ恥ずかしいゾ。

内診がちょっとコワくて…

10代の女性では、子宮や卵巣の病気の心配はまずないから、内診のいらないケースの方が多いんだよ。ダイエットによる無月経や、月経の不順、痛みなら、基礎体温（これはぜひ計ってきて欲しい）や血液検査によるホルモンの測定、超音波断層診断などでだいたい診断がつく。思春期には、むしろ貧血の有無、甲状腺の機能、おっぱいや性毛の発育といった全身状態を診るほうが大切になる。

じゃ、内診の必要なケースは？

15歳以上で初経が来ないような場合は、内性器の奇形などを考えなくてはいけないから、診察が必要になる。腟炎も診なければ診断できない。その時は医師がなぜ内診が必要なのか、理由をきちんと説明してくれるはずだし、看護師さんも安心して受けられるよう配慮してくれると思う。

***内診**：特殊な台の上に、仰向けに寝て、軽く脚を開き、外性器や内性器の診察をすること。婦人科診察ともいう。

***超音波断層診断**：私たちの耳には聞こえない、高い周波数の音波を利用する検査方法。おなかにゼリーを塗って、超音波をあて、はねかえる音波を画像に映すと、子宮や卵巣など内臓の状態がその場で分かる。痛みはまったくなく、レントゲンのような副作用の心配もない。

ラブル編】

女性の性的機能が完成するのは、一般に18～20歳前後と言われています。つまりその頃までに、表①のように

・月経がスタンダードな形に安定する。
・毎回、排卵がある。

ようになります。思春期のからだは「スタンダード」を目指して発展途上というところ。だからオトナの女性のように、月経の「異常」に神経質になることはありません。

表②では、10代のみんなにありがちな心配ごとをまとめてみました。

・チェックⅠとⅡは、絶対に産婦人科の先生に相談して欲しいこと。
・チェックⅢからⅥは、ほとんどオトナになれば解決する問題だけど、不安ならガマンすることは全然ないから、病院に行っちゃおうということ。

＊印の症例については、もっと詳しい説明がP.130〜P.133にあります。併せて読んでみてください。

思春期の月経と不安 表②

チェックⅠ		チェックⅡ		チェックⅢ				
月経と年齢		月経の停止		月経と周期				
●10歳以下で初経がもう	●15〜17歳でやっと初経がきた	●18歳で初経がまだ	●予定月経が2週間以上遅れている	●月経が3カ月以上止まったまま	●月経周期がバラバラ	●月経と月経の中間に出血がある	●月経の前後に出血が続く	●月経と無関係に出血がある
↓	↓	↓	↓	↓	↓	↓	↓	↓
早発月経	遅発月経	＊①原発性無月経	＊②続発性無月経	妊娠	稀発月経・頻発月経	＊③排卵期出血	＊④機能性出血	＊⑤機能性出血 / 病気による不正出血
即・病院へ		即・病院へ		念のため、やっぱ病院へ				

128

♥♥♥ からだのトラブル ♥♥♥

【月経のト

表①

	月経の量	月経の持続日数	月経の周期
月経のスタンダード	・一応22〜120gですが、普通は計れないので、目安として、レバーのような固まりが混ざる、量の多い日が2日以内なら正常と考えます。	・月経のあった期間の日数です。 ・3日から7日を正常の範囲とします。	・月経の初日から次回月経の前日までの日数です。 ・25日から38日を正常の範囲とします。 ＊月経の周期は、毎回ピッタリ28日というようなことはありません。同じ人でも5日から10日ぐらい幅があるのが普通です。
月経の異常	過多月経（かたげっけい） 　固まりが混ざる出血量の多い日が3日以上続く場合 過少月経（かしょうげっけい） 　月経期間中、ナプキンにサラリとつく程度の出血しかない	過長月経（かちょうげっけい） 　持続日数が8日以上の場合 過短月経（かたんげっけい） 　持続日数が2日以下の場合	稀発月経（きはつげっけい） 　周期が39日以上の場合 頻発月経（ひんぱつげっけい） 　周期が24日以下の場合

チェックⅥ	チェックⅤ	チェックⅣ
月経と排卵	月経に伴う症状	月経の量
●排卵がまだない	●月経本番中に不快／●月経の1〜2週間前に不快	●量が少ない／●量が多い
↓	↓	↓
無排卵性月経	病気による月経困難症／＊⑦月経困難症／＊⑥月経前緊張症	過少月経／病気による過多月経／過多月経
排卵を伴わない月経。基礎体温を計ると低温一相性です。17歳の女子高校生の約30％が無排卵と言われ、心配無用。20歳になっても×なら産婦人科に相談して。	月経時に頭痛、腹痛、腰痛などが起こることです。若くて子宮が十分発達していない、などが原因。月経時の子宮収縮が強すぎる、などが原因。月経がキライだと症状が重くなるケースも。医師に鎮痛剤などを処方してもらえば、すっごく楽になります。／月経前の1〜2週間に、腹痛、腰痛、乳房痛、ベンピ、肌荒れ、イライラ、眠気など不愉快な症状のでる人がいます。原因はこの頃盛んに分泌される黄体ホルモンのイタズラです。最近はいい治療法があります。	経血量の多少は個人差が大きいので、ほとんど心配ありません。思春期はだいたい多めでレバーのような固まりが混ざることもありがち。ただ貧血チェックはぜひしておいて。／これも体質　個人差の範囲でしょう。気になるなら、医師に相談して。／子宮内膜症や子宮筋腫といった病気のために経血量が異常に多い場合がありますが、10代ではマレなことです。
	不快なら、ぜひ病院へ	不安なら病院へ

まけないよ!!
がんばれ
女の子

ラブル編】

チェック！ 月経と年齢

早過ぎても遅過ぎても困るのが月経。もし15歳を過ぎても「まだ」なら、おっぱいのふくらみや、性毛の生え方チェック。基礎体温も計って、産婦人科に相談してみよう。

❶原発性無月経

【症状】
18歳を過ぎても初経が来ないこと。

【原因】
月経にかかわっている器官は、脳の中の・視床下部・脳下垂体、女性性器の・卵巣・子宮・腟。そのどこかに異常のある可能性が。

● 見せかけの無月経の場合
実は月経が始まっているのに、処女膜の閉鎖のために経血が外に出られないでいることをいいます。外科的治療＝処女膜の切開で治ります。

● その他の無月経の場合
血液検査でホルモンの量や染色体を調べたり、超音波断層診断で子宮や卵巣の様子をみたり、時には脳のレントゲンを撮ったり、様々な検査で原因を確かめ、それに合わせた治療をします。
発育不全やホルモンの分泌異常が多いのですが、先天的な染色体異常や性器の奇形の場合は、治療が困難になります。

チェック！ 月経の停止

月経が止まるというのは、女のコの一大事。決して甘くみないでください。

❷続発性無月経

【症状】
初経を経験しているのに、その後3カ月以上、月経がない状態が続くこと。

【原因】
ベスト1がダイエットによる体重減少。他にもストレスや過激なスポーツトレーニングなど。

【くわしい原因】
月経を管理監督している視床下部は他にも食欲、睡眠、体温、心のバランスなども管理監督する重要なセクションです。

●例題A　体重の減少
育ち盛りにダイエットで、体重を2、3カ月に15〜20％も減らすと、確実に無月経になってしまうからです。だいたい視床下部の中で、「食欲管理部門」と「性的機能管理部門」は近い位置にあるため、食欲が狂うと、性的機能も狂います。特に拒食症、過食症といった摂食障害が起これば、てきめんに月経は止まる。女のコの床下部が省エネのため、月経＝性的機能を止めてしまうからです。だいたい視床下部の中で、「食欲管理部門」と「性的機能管理部門」は近い位置にあるため、食欲が狂うと、うかうかしてると命が危ないと思うので、的機能管理部門」が近いからで油断はできません。

●例題B　ストレス
受験、人間関係、寮生活などの急激な環境の変化といった過度のストレスでも月経が止まることがあります。これも視床下部の「心のバランス管理部門」と「性

●例題C　スポーツ
厳しいスポーツトレーニングを続けていると、やはり省エネのため、月経が止まるケースがでてきます。なかでもバレエや新体操といったスリムな体型を要求されるものだと、ダイエットも重なって危険。たいがい貧血も伴い、からだ作りのためのスポーツで、からだを壊してたらシャレにならん。

【治療】
このような視床下部及び脳下垂体性の無月経は、なんといっても大本は視床下部の「心のバランス管理部門」とですから、手ごわい。視床下部と脳下垂体が送るべき「性腺刺激ホルモン放出ホルモン」が、脳下垂体

130

♥♥♥ からだのトラブル ♥♥♥

【月経のトラブル】

に届かなかったり、脳下垂体が送るべき「性腺刺激ホルモン」が卵巣に届かないと、卵巣も女性ホルモンの分泌をさぼる。放置すると月経の停止だけでなく、性器自体も萎縮してしまいます。あわてて**体重**を元に戻しても、月経は**戻りません**。

即、産婦人科にかかり、ホルモンなどの治療を受けてください。2年、3年とかかることもあり、ひどい場合は不妊症の原因にもなります。

たかが数カ月の**ダイエット**で一生**後悔**しないでください！

チェック！ 月経と周期

基本的にいって、思春期は周期がバラバラだったり、不規則な出血があったりいろいろです。あまり神経質にならないように。

❸ 排卵期出血（はいらんきしゅっけつ）

【症状】
排卵のころに起こる1～5日間の軽い性器出血で、まったく生理的なもの。腹痛を伴うこともあります。別名は中間期出血。月経が頻繁に来て困るというコが、基礎体温を計ってみると、実はこの排卵期出血だったというケースが結構ある。

【原因】
排卵に伴うホルモンの変化。

【治療】
異常じゃないので、基本的に治療の必要なし。腹痛がひどい時のみ、鎮痛剤を。

❹❺ 機能性出血（きのうせいしゅっけつ）

【症状】
特別病気じゃないのに、気まぐれな出血＝不正出血が起こることを、専門用語で機能性出血といいます。

【原因】
思春期のホルモンのアンバランス。

【詳しい原因】
性器からの生理的な出血は、基本的に分泌された女性ホルモン（卵胞ホルモンと黄体ホルモン）が、時間とともに消えていく時に起こることになっています（消退出血）。排卵期出血なら月経周期前半の卵胞ホルモンが一時的に消える時だし、月経の出血なら後半の黄体ホルモンが消える時です。

ところが思春期だと、まだ女性ホルモンの分泌が気まぐれで、消え方も気まぐれ。結果、ヘンな時に出血したり、月経が長引いたりします。特に無排卵だと、黄体ホルモンが分泌されないため、卵胞ホルモンだけがずるずる分泌される。よけい不安定で月経も長引きやすくなる。

まぁ、そんなこんなで、月経なのか違うのか、よく分からん状態の**機能性出血**が起こるのです。

・また出血が長かったり、不規則だと体育やプールの授業にさしつかえる。
・旅行などの予定がたてにくい。
・白っぽいオシャレが楽しめない。
・ナプキンにやたらお金がかかる。
・またまたショーツを汚した。
・何より、うっとうしい。

わけで、**日常生活が不自由**ですし、遠慮せずに、産婦人科へ行きましょう。ホルモン剤を投与して、バランスを整えたり、漢方薬を飲んだり、止血剤を使ったり、治療には、いろいろな方法があります。

【治療】
10代では、特別異常とはいえません。ただ**貧血**を起こしている場合は**治療**の対象です。

【ラブル編】

チェック！ 月経に伴う症状

女性ホルモンのリズムによって変化する、女のコのコンディション。つらい時には産婦人科。上手に乗り切る方法をマスターしよう。

⑥月経前症候群

【症状】
月経のまえ2週間から月経直前までに、イライラ、ユーウツ、眠気、頭痛、腹痛、腰痛、乳房痛、ニキビ、肌荒れ、ベンピなどのイヤな症状がでること。PMSともいいます。

【原因】
排卵後に分泌される黄体ホルモンの影響といわれています。

【詳しい原因】
この時期、ホルモンの作用でからだ中の細胞が水分を含んでむくみます。

腹痛、腰痛は骨盤内がむくんでうっ血するため。ベンピも、腸がむくんでよく動かず、加えてウンコの水分まで腸が吸収しますますウンコを固くするため起こります。もちろん個人差がありますが、からだ全体、今いちすっきりしないのが症状です。

【治療】
産婦人科では
・ホルモン剤で排卵を抑える。
・精神安定剤、鎮静剤を使う。
・利尿剤でオシッコをジャージャー出し、むくみをすっきりとる。これはホントに効くそうです。
・痛みには鎮痛剤を。

自分では
・月経周期から、自分でもアブナイ時期が割り出せます。イライラが来ると思ったら
・睡眠不足を避ける。
・規則正しく食事をとる。特に朝食を抜くと、血糖値が下がってよけいイラつきます。
・塩辛いものをとり過ぎない。
・気分転換をはかる。
・デートを延期しケンカを避ける。
などなどがあげられます。

また、月経前緊張症にはビタミンB類とマグネシウムがよいそうなので、
・納豆、豆腐、胚芽米、ナッツ類、イモ類、ウナギ、豚肉、バナナなどがおすすめです。

などなど、その人に合わせた治療をします。

⑦月経困難症

【症状】
月経時に腹痛、腰痛、頭痛、吐き気、めまいなどイヤな症状がでることで、寝込むほど重症の人もいます。
頭痛、眠気、イライラなどは脳のむくみ、ヒステリーでキレる、万引きしたくなる、してしまったという重症者もたまにいます。

【原因】
思春期では
・子宮がまだ未発達なため、子宮の入口がピンホールのような状態になっていて、

がんばるよ!!

132

♥♥♥ からだのトラブル ♥♥♥

【月経のト

経血が出にくく腹痛が起こる（だから将来出産を経験するとたいがい治る）。
・同時に骨盤内もうっ血して神経を刺激するため、腰とお腹が痛む。
・経血を押し出すための子宮収縮が強すぎて痛む。なお、この収縮を起こすホルモンをプロスタグランディンといい、血液中に入って頭にも届くため、頭痛も起こる（プロスタグランディンは腸まで収縮させるのでゲリる人もいる）。
・子宮内膜症（→P.75）という病気がある場合。子宮の外側や周辺の内臓にも内膜が増殖し、痛みが強く出血量も多い。

【治療】

産婦人科では
・鎮痛剤を使う。市販のものより、やっぱり病院で処方してもらう薬（イシダシン座薬とかポンタールという名前でよく効く。プロスタグランディンを抑える成分が入っているからです）。これは「あ、痛むカナ」と予感がしたらすぐ飲むのが効果的で、その後も指示どおりに飲みます（モチ、座薬のほうは飲み薬じゃないヨ。この場合は肛門に入れるの）。
・1カ月に2日や3日、鎮痛剤を飲んだぐらいで副作用がでるような心配はまったく無用。「もう月経は痛くない。もうキライじゃない」と自信がつくと、不思議と薬なしでも大丈夫になってしまうものです。
・低用量女性ホルモン剤を使う。

子宮内膜症や月経困難症の治療薬として低用量女性ホルモン剤を使います。病気という
ほどでなくとも、避妊をかねて低用量女性ホルモン剤を服用すると、子宮内膜が厚くならないので月経の量が減り、痛みが軽減します。

自分では
・お風呂に入って暖まる。
血行がよくなり、骨盤内のうっ血がとれるので楽になります。この他、からだを冷やさない。ピタピタジーンズなどで締め付けないといった注意も必要です。
・適度なスポーツをする。
やっぱり血行をよくします。左のイラストは『マンスリー・ビクス』といって月経痛に効果のある体操。試してください。

座って

[1〜4]
背筋を伸ばし、左右の膝をおし下げます。
[5〜8]
力を抜いてリラックス。1〜8を数回繰り返し。

座って：ツイスト伸ばし

[1〜4]
椅子に腰かけ、左脚をあぐらをかくように、右ヒザに乗せてください。上体を左にひねり右手は左のヒザ、左手は椅子の背。この姿勢で、さらに左肩を後ろに引き上体をすっきり伸ばしてひねります。

[5〜8]
ひねったままの姿勢で、からだの力を脱ぎ、上体をななめ前に曲げてリラックス。1〜8を数回、次に足をかえ反対側を数回。

寝て：すべり台

まず、あおむけに寝て、脚を腰幅に開き、ヒザを立てます。この時手の平は下。床を押えるようにします。

[1〜4] 軽く息を吸い、それから静かに吐きながら腰をあげます。肩からヒザまで一直線になるまであげます。

[5〜8] さらに息を吐きながら、腰を下げて元の姿勢に。1〜8を数回繰り返し。

「マンスリービクス」（日本家族計画協会）より

【トラブル編】

表③

健康な時のおりものと、病気の時のおりものの、いつも性器をチェックしているとよーく分かるはず。表③を参考に、「ン？」と思ったらレッツゴー産婦人科。

大事なおりものクン

正常なおりものは、だいたい白かクリーム色で、ショーツにつくと黄色っぽくなり、甘酸っぱい臭いがします。量は個人差が大きいけど、排卵のころが多め、月経前が少なめです。この中にはデーデルライン桿菌という善玉菌がいっぱいいて、腟がワルイバイキン類で感染症を起こすのを防いでいます。だから腟の中をジャブジャブ洗うのは逆効果だって覚えておいて。

- 月経周期と関係がある
  - 透明 ── 排卵期にある ①
  - 白色
    - 乳かす状でカユイ ②
    - 量が増えた ③
- 月経周期と関係がない
  - 黄色
    - やーな臭いがする ④
    - 量がふえ、少しカユイ ⑤
    - 濃く、やーな臭いですごくカユイ ⑥
    - 膿みたいで、やーなカンジ ⑦

❶ 排卵時の子宮頸管粘液

排卵に伴う生理的なもので、少しも心配りません。卵の自身みたいなカンジで、とろーんとでてきます。

❷ カンジダ腟炎

カンジダ・アルビカンスというカビが繁殖しておこります。空気中にいる常在菌で、過労などで抵抗力のない時や、抗生物質など強い薬を飲み続けて、腟内のデーデルライン桿菌が減った時に、つけこまれて感染します。ひじょーにカユクて、乳かす、豆腐かす、チーズかすみたいなおりものがボロボロに。ありふれた病気ですが、なかなかシツコイので、医師の指示を守って、しっかり治療しましょう。

なお、セックスでパートナーにうつし合う、STIでもあります。この場合は二人で病院へ。

❸ ホルモンの乱れによるおりもの

冷えや過労などで、ホルモンのバランスが悪くなると、急に量が増えることがよくあります。外陰部を清潔にし、規則正しい生活や食事を心掛け、様子をみましょう。

❹ 異物性腟炎

タンポン、コンドーム、ペッサリーなど、異物を出し忘れると、そこにバイキンが思いっきり繁殖して炎症を起こします。取り除いて洗浄すれば簡単に治りますが、女の恥といえるものです。

❺ 非特異性腟炎

そこらにいる大腸菌とか、寄生虫とかに感染して起こります。トイレで「後ろから前」に拭いたりすると危険（だから幼い女の子もかかる）。バイキンの種類に合わせた薬で治療します。

❻ トリコモナス腟炎

よーにカユイ。タチが悪く、放っとくと、子宮や膀胱にも感染がひろがります。即、病院。

♥♥♥ からだのトラブル ♥♥♥

【おりものの

トラブル チェック・メモ

貧血

からだ中に酸素を運ぶ、血液中の「赤血球」の、そのまた中の「血色素」が不足しておこります。なんといっても月経で"血"を消費する女のコは油断大敵。ダイエットなどで栄養状態が悪いと、血色素をつくる「鉄分」が不足するのでテキメンです。

・アカンベをすると、眼瞼結膜が白っぽい。
・顔色が悪い。
・疲れやすく、ひどくなると息切れ、動悸、めまい、立ちくらみがある。
・爪が弱くなったり、くぼんだりする。

といった症状が。酸欠の金魚みたいなもので、フラフラ。からだの抵抗力がおちて大きなトラブルをおこしかねません。

鉄分を含む、レバー、ひじき、しじみ、シラス、ゴマ、ホーレン草などしっかり食べて。重症なら病院で「鉄剤」を処方してもらいます。

膀胱炎

オシッコが近い。でも量はチョッピリで濃い色。残ってるカンジ。したあと、ツーンと痛い。熱が出ることも。

としたらボーコー炎。女のコは尿道が短いから、すぐバイキンがボーコーに入って感染してしまう。産婦人科か泌尿器科へ行って、バイキンに合わせた薬を処方してもらうこと。市販の薬に頼ったり、治療をいいかげんにしてサボると、再発して結構タチが悪いから注意して。

あと、安静にして、刺激の強い食べ物はパス。水分をたっぷりとって、オシッコをたっぷり出し、バイキンをおいだすこと。

日頃から

・外陰部を清潔に（セックス経験者は特に注意のこと。セックスのあと、すぐトイレに行ってオシッコをすると予防になる）。
・トイレで「前から後ろ」の原則を守る。
・トイレをガマンしない。
・ピタピタジーンズなどムレやすいものをはかない。
・睡眠不足や過労を避け、バイキンに対する抵抗力をやしなう。
・月経時はナプキンをまめに交換。を守りましょう。

ちのけ
ふら ふら

トリコモナス原虫というバイキンが原因です。泡のまじった、多量の、濃い、緑っぽい、茶っぽいおりものが特徴で、ひじょーにひじ

❼化膿菌による感染

セックス経験者なら、STIの淋病を疑ってください。

これもセックスでうつるSTーとして有名です。

その他の、タチの悪ーい化膿性のバイキン感染が子宮や、卵巣までひろがってる可能性大。大至急、病院へ！

ワクチンの話

若い女性に増えているがん

「がん」といえば一般に中高年の病気なのですが、たった一つ、10代の女のコにも気をつけてほしいがんがあります。「子宮頸がん」。グラフのように、近年20代、30代の若い女性に増えているがんなのです。

普通、みんなが耳にするのは「子宮がん」だと思いますが、正確に言うと子宮がんには2種類あります。1つがこの子宮頸がんで、子宮の入り口周辺に発生します。もう一つは赤ちゃんが育つ子宮本体にできるがん「子宮体がん」で、こちらにかかるのはほとんど50歳以上の女性です。

子宮頸がんがなぜ若い女性にも多いのかというと、原因がセックスで感染するウイルスだから。名前はHPV＝ヒトパピローマウイルス。皮膚などにウロウロしているありふれた常在ウイルスです。遺伝子の型から100種類以上に分類されており、がん発症の約8割に関係するとされる16型、18型を代表選手として、全部で15種類ほど子宮頸がんの高リスクタイプが存在します。

コンドームを使って感染を防ぐ

実は、セックス経験者の8割以上が、生涯に1度は高リスクHPVに感染するといわれています。通常は免疫力（からだの抵抗力）が働いて、さっさと追い出してしまうのですが、ごく一部が何年も住みついて持続感染することに。そしてその中の一部が細胞の遺伝子に変異を起こし（前がん病変）、さらに一部が子宮頸がんに育ってしまいます。

子宮頸がんになっても早く発見できれば、がんの病変部をちょこっと円錐型に切り取る手術で完治できますし、将来赤ちゃんを産むことも可能です。でも進行してがんが大きくなると、子宮を全部取らなければいけなくなり、出産はあきらめなければなりません。もっと進行して、肺などほかの臓器まで転移してしまうと、命にかかわることのあるのが、

20〜30代で子宮頸がんに罹る人の率

（人）罹患率（10万人あたり）

国立がん研究センターがん対策情報センター
地域がん登録全国推計によるがん罹患データ（1990年〜2012年）より

子宮の構造とがん

卵管／卵巣／子宮体部／子宮体がん／子宮頸がん／子宮頸部／膣

HPV感染からがんになるまで

正常細胞 → ワクチンによる1次予防 → セックスによるHPV感染 → 感染の持続

自然に排除される場合が多い。

前がん病変 → がん

検診による2次予防

がんになるのは、ほんの一部
※がんを発症するのはHPVに持続感染した1000人のうちの1人

♥♥♥ からだのトラブル ♥♥♥

子宮頸がんと

がんの恐いところ。子宮頸がんにかかる患者さんは年間1万人ほど。亡くなる方は年間約3千人と報告されています。

ほかの性感染症と同様、コンドームを常に正しく使うことで、HPVの感染を防ぐことができるので、しっかり実行しましょう。

ワクチンで予防ができるがん

幸いなことに、子宮頸がんはHPVワクチンを注射することで予防できるので、2012年8月現在、全世界で約130ヵ国が実施しています。日本は厚生労働省の方針で、小学6年生から高校1年生への接種が実施されていて、該当する女のコは、希望すれば無料もしくは低額で受けることができます。チャンスを逃すと、約5万円もかかる自由診療になってしまうので、注意しましょう。

ワクチンの種類には16・18型のほかに外陰部にイボができる性感染症、尖圭コンジローマ（→P.113）の原因となる6・11型も合わせて防ぐ効果のある「ガーダシル」と、16・18型の感染を予防する「サーバリックス」の2つがあります。どちらも上腕への筋肉注射で、6ヵ月間に3回接種します。

ワクチンにはすでに感染したウイルスを追い出す力はありません。だからセックス経験のないうちに打っておくのがベストです。もちろん20代、30代の女性が受けても、子宮頸がんにかかる確率を下げることはできますが、手遅れというわけではありません。

副反応として10パーセント以上に注射部位の痛みや腫れ、1～10パーセントに発熱、注射部位のかゆみ・出血・不快感、頭痛、1パーセント未満で手足の痛み、筋肉が硬くなる、下痢、腹痛、白血球数増加などが一過性に起こり、ごくまれに無力症、寒気、疲労、関節痛、嘔吐、失神などがあるとされています。ワクチンとの因果関係は究明中ですが、接種をきっかけに全身の痛みや脱力など（複合性局所疼痛症候群）で車椅子生活になった女のコの例も報告されました。

子宮頸がん予防ワクチンに限らず、ほかのワクチンでも、治療のための薬でもリスクはゼロではありません。接種のメリットとデメリットを保護者の方とも相談し、判断してください。

20歳になったらがん検診も受けよう

ワクチンを接種しても16・18型以外のHPVを原因とする子宮頸がんは防ぎきれません。そこでがんを早期に見つけるための検診が、ほとんどの自治体で実施されています。対象は20歳以上の女性で、2年に1度、お知らせの手紙が届くはずです。指定された産婦人科に出かけ、採取用具で子宮頸管と膣部の細胞をこすり取り、がんにつながる異常な細胞が起こっていないかどうか、顕微鏡でチェックしてもらいます。すごく簡単ですから、20歳になったら必ず受けにいきましょう。早期発見・早期治療ががん撲滅の掟です。

HPVワクチンの接種スケジュール

ガーダシル
1回目：0 初回接種
2回目：2 初回接種から2ヵ月後
3回目：6 初回接種から6ヵ月後

サーバリックス
1回目：0
2回目：1 初回接種から1ヵ月後
3回目：6

3回接種することで十分な予防効果が得られるため、必ず同じ種類のワクチンを3回接種してください。

Dr. KITAMURA

EPILOGUE 卒業式

「しろいうさぎとくろいうさぎ」

僕の家に『しろいうさぎとくろいうさぎ（福音館書店）』という絵本がある。忘れもしない、僕と同居している妻にプレゼントした本だ。世でいうプロポーズの言葉が、この本の裏表紙に添えられている。

「君と永遠に住めますように……」

今振り返ればぎざな言葉だが、40年前のあの時は真剣だった。この絵本の内容をかいつまんで紹介したい。

野山で遊び戯れていた白いうさぎと黒いうさぎ。時折、黒いうさぎは悲しそうな顔をして座り込む。「どうかしたの？」と声をかける白いうさぎに、黒いうさぎは「僕、ちょっと考えていたんだ」と。こんなことが2度、3度と繰り返されると、いたたまれなくなった白いうさぎが、「何をそんなに考えているの？」と尋ねる。「僕、願い事をしているんだ。いつも、いつも、いつまでも、君と一緒にいられますようにってさ」と応える。白いうさぎと黒いうさぎは、互いに手を握りながら、「いつも、いつも、いつまでも」と確認し合った。

母子家庭という環境に育てられた僕は、幼い頃から父と母のいる家庭を夢見て生きてきた。その願いを実現するには、僕自身の家庭を築くことが手っ取り早いことを知っていたから、生意気にも学生のくせして結婚。会費制で仲間たち160名を迎えてのガチャガチャ披露宴を行った。夏真っ盛り。会場は、道ばたで咲いていた向日葵（ひまわり）が所狭しと飾られ、ウエディングケーキは友人手

138

製の小さい小さいものだった。あの白いうさぎと黒いうさぎが森の仲間たちと開いた結婚式そのものだった。残念ながら新婚旅行はない。大学までの鈍行列車に揺られての帰り道は、なんとも風情があった。

しかし、この結婚に至るまでの道のりだって、決して順風満帆だったわけではない。医学部に入ったものの、まだ海のものとも山のものともわからない学生の分際で、何が結婚だという批判は、親族を中心に大きく渦巻いていた。それにも関わらず、結婚の決断に至ったのはなぜか。東京の障害児施設で保母として働く彼女とのやりとりは、電話と手紙に限られる。耳元で快く響く声も、受話器を置いた途端、その距離感を急激に感じさせる。手紙も同様だ。相手からのメッセージが2日後に届くというもどかしさに耐えられなかった。「こんな不自然な生活は、もう嫌だ」と本当に思った。「LOVE」の文字をくり抜いたクッキーが、バレンタインデーに届けられて心が吹っ切れた。「田舎育ちで、純粋過ぎる彼女を守ってやれるのは僕しかいない！」。未婚期のセックスにためらいプラトニッククラブを志向するという古い体質の僕にとっては、正々堂々とセックスをするには結婚しかなかった。殺伐とした全寮生活、そこで大量に製造される食事にも辟易（へきえき）していた。結局あれやこれやが結婚への引き金となったといえる。

「結婚したい」と伝えたときの母親の戸惑いの姿を今も忘れない。働き蜂となって、6人の子どもたちを育てることに専念していた母には、自己主張する習慣もなく、ただ「そうかい」とうなずくだけだった。そんなこともあってか、僕の結婚に批判的だった兄弟の何人かは、結婚式にも参加しないという事態さえ起こった。これも試練だ。しかしこのような外的な試練が、「近い将来には、きっと僕たちの結婚を認めさせちゃうぞ」という共通の目標を作らせ、二人の絆を一層強めることにもなった。

二人で学び、二人で働いた学生結婚

学生結婚に憧れていたわけではない。学業と結婚生活との両立は決してたやすいことではないことを十分知っていたつもりだ。幸いにも、高校を卒業して以来、経済的な援助を親から期待で

周囲の人たちのやさしさに助けられながら

　学生にもかかわらず、僕たちは庭付きの一軒家を住まいとしていた。もちろん、初めからそうだったわけではない。隣の家の雑音だって聞こえてしまうようなボロアパートから、あれよあれよという間の一軒家だ。隣近所の人たちを巻き込んでの「自分たちで健康を守る会」の結成がきっかけだった。アパートの家主を会長に仕立てての「健康を守る会」はことのほか順調に進んだ。日曜日になると、医師を招いての検診やら講演会やらが開かれたこともあって、近隣の人たちの健康への関心は日増しに高まっていった。僕の小さなアパートの一室を使っての活動では困難を極めたことを察してか、家主から大一軒家を提供されるという好運を手にしたのだ。目が醒めると庭に取り付けての野菜が置かれているのを見つけ、人のやさしさに触れた。代償を求めるのではなく、「自分のできること　を、やれるときに、人のためにやれ」を信条としていた僕には、なんとも恵まれた体験となった。近くで脳卒中の患者が発生したときに、学生である僕を真っ先に頼り、僕の手で救急車を呼び、病院に運び込んだという経験もしたが、今でも忘れ得ぬ思い出の一つだ。卒業式を間近に控えてのことだ数十万円の記載のある貯金通帳を渡されたときにも感動した。

　きなかった僕の場合、否応なく自活することを余儀なくされていた。新聞配達、セールスマン、夜警など浪人生活での受験勉強の合間にやれる様々な仕事に触れる機会を持った。体力と働く気力さえあれば、生きることは難しいことではないことを肌で感じとっていた僕は、一人で生きることも、二人で生きることも一緒だという楽観的な見方をしていた。妻が稼ぎ、僕が学ぶという居候的な生活ではなく、二人で働き、二人で学ぶことを貫き通した。独身時代の生温い家庭教師のアルバイトに見切りをつけて、学習塾を経営し、保母である妻の稼ぎと合わせて生計をまかなった。結婚の当然の結果として子どもが生まれたが、慌てることはなかった。「どうにかなるさ」という捨てばちな気持ちもなかった。「生めば何とかなるさ」では子どもは生めない。生むことは育てることであり、育てることは共に生き抜くことだ。幸いにも、子ども好きなおばさんに出会い、昼間の育児を任せることができた。母親と見間違うほどに献身的だったそのおばさんのおかげで、子どもはスクスクと育っていった。

った。医師国家試験の勉強に専念しなければならない最後の闘いがやってきた頃だ。「出世払いでいいから、これを使って」と差し出された通帳と印鑑。仕事との両立にも無理が出てきているのではない。人々の愛とやさしさによって生かされているのだということを自分たちは自分に教えられた。「人の好意に喜んで甘えることのできる人が、人の悲しいときに手を差し伸べられる人になる」というのも僕の好きな言葉の一つだ。

僕の卒業式の日。生まれたばかりの二男を背負い、長男の手を引いて妻は出席した。3年半にも及んだ学生結婚の卒業式でもある。既に2歳になっていた長男は、僕の名前が呼ばれて卒業証書が渡されるその時、「おとうさん!」と僕を呼んだ。

あれから既に相当な月日が流れている。母子家庭として戦い続けた母はとうの昔にこの世を去った。僕には5人の子どもがいるが、皆自ら切り開いた人生を歩んでいる。何やかやと口答えしたり、反発された日々が戻ることはなく、懐かしさだけが心に残っている。わが家も社会の縮図のように、結婚を選ぶ子、独身をそうとする子と様々だ。結婚相手も香港国籍の女性、ネパール国籍の男性と国際色豊かだ。お陰で、家族が集まると数カ国の言葉が飛び交う始末。でも、同じ地球に生を受けた者同士がわかりあえないことはなく、和気あいあいとした日常が過ぎていく。

僕の子ども達は、平成4年(1992年)初版の『ティーンズ・ボディーブック』を読んで育ったが、今回新装改訂した『ティーンズ・ボディーブック』は僕の孫へと読者が変わろうとしている。時代が流れても、不思議なことに子ども達の性の悩みは一向に変わる気配がない。インターネットはこれでもかこれでもかと性情報を発信し、時には子ども達を混乱させているが、それでもアナログな電話相談を求める子ども達は後を絶たない。地球の今を生きる僕たちがそうであるように、この世に生を受けた人間は有史以来現代と何ら変わらない性の悩みを抱えて一生もがき続けていくのだ。

だからこそ、不死鳥のごとく復刊した『ティーンズ・ボディーブック』が、僕らの孫たちの、あるいはこの本を手にする君たちの悩みを解決するバイブルとして末永く利用されることを期待して「卒業式」のはなむけの言葉としたい。

あとがき

　僕にとって忘れられない出来事がいくつかある。そのひとつが『ティーンズ・ボディーブック』の出版だった。今まで多数の著書を世に出してきたが、僕の処女作に近いこの著書への思い入れは尋常ではない。最近では指導者を対象としたセミナー開催のために全国を駆けめぐっているが、会場で「子どもの頃、母から『ティーンズ・ボディーブック』を贈られたことがきっかけで看護の道に進み、挙げ句は養護教諭（保健室の先生）になりました」と声を掛けられたことは2人、3人などという小数ではない。1冊の本が読者の職業選択どころか人生に大きな影響を及ぼしていることを目の当たりにして、胸が熱くなることがしばしばだ。

　多数のイラストでこの本を彩ってくれている漫画家・伊藤理佐さんも売れっ子になった。今回は僕からのたっての願いを快く聞き入れていただき、復刊『ティーンズ・ボディーブック』の表紙を飾ってもらうことになった。子育て、多忙な本業の合間をぬっての作業はさぞかし大変だったに違いないと恐縮している。

　それにしても、この『ティーンズ・ボディーブック』は不死鳥のようによみがえる歴史を刻んでいることをご存じだろうか。平成4年に鎌倉書房のジュニー編集部から初版が発行された。オトナの世界の事情もあってこれがお蔵入りすると、平成9年には扶桑社がジュニー編集部を引き継いでくれた。しかし、幸いにもその後雲行きがあやしくなり絶版。僕はくもまあ、これだけの数のイラストを描いたものだと驚くしかない。当時を振り返ればよ大切な子どもを引き裂かれるような絶望の淵に追いやられたが、インターネットに押されての活字離れ。生まれては消える書籍が数え切れないほどある中で、僕の情熱にほだされてか願いを開いてくれた出版社には感謝の言葉もない。その陰には、ジュニー編集部以来、この本に関わってこられた大田由紀江さん、資料集めなどに尽力いただいたクリニック・スタッフの一人、杉村由香理さんの役割も軽視できない。また、中央公論新社婦人公論編集部の川口由貴さんの情熱が復刊に漕ぎ着ける力になったことも申し添えたい。大袈裟な言い方であることを承知で、言葉に尽くせない感謝をこの本をこよなく愛してくれているすべての人に伝えたい。「ありがとう」。

　それから、この本を手にしてくれた君へ。ありったけの思いを言葉にして、編集部に感想を寄せて欲しい。悔いのない十代を過ごすんだよ。いい人生となるように願っているよ。

平成29年12月10日

著者　北村　邦夫

あとがき

悩んでいるみなさんが全員
この本に出会えます
ように。

↓
40歳前、
妊娠したい時
これ、
読みかえしたよ

えーっと、オギノ式ってどうだったっけ?

↓
ムスメにも
よませたい
です。

うまれたよ

伊藤理佐

北村邦夫（きたむら くにお）

1951年2月23日生まれ。群馬県出身。うお座。O型。自治医科大学医学部卒。群馬大学医学部産科婦人科学教室入局。1988年より日本家族計画協会クリニック所長。日本思春期学会副理事長、内閣府男女共同参画会議専門調査会委員などを歴任。2008年ヘルシー・ソサエティ賞受賞。常に女性の立場に立って「性」を語り、私たちを勇気づけてくれる。近著に『専門医が伝える40代からの幸せセックス――あなたの「本当の快感」を探す旅へ』（中央公論新社）、『セックス嫌いな若者たち』（メディアファクトリー新書）など

イラスト● 伊藤理佐（いとう りさ）

1969年9月6日生まれ。長野県出身。おとめ座。O型。漫画家。県立諏訪二葉高校3年生の時『お父さんの休日』で鮮烈デビュー。キレのいいギャグとH系ツッコミの中にジーンとハートをくすぐるストーリーで人気を博し、代表作『おるちゅばんエビちゅ』はアニメ化。『女いっぴき猫ふたり』『おいピータン!!』『おんなの窓』などで第10回手塚治虫文化賞短編賞を受賞。くいしん坊＆酒豪として業界では有名。漫画家・吉田戦車氏と再婚を果たし一女の母に

本文レイアウト● 鈴木晴美
編集● 大田由紀江

ティーンズ・ボディーブック 新装改訂版

2013年12月10日　初版発行
2019年9月10日　4版発行

著　者　北村邦夫
発行者　松田陽三
発行所　中央公論新社
　　　　〒100-8152 東京都千代田区大手町1-7-1
　　　　電話　販売 03-5299-1730　編集 03-5299-1740
　　　　URL http://www.chuko.co.jp/

印刷・製本　大日本印刷

©2013 Kunio KITAMURA
Published by CHUOKORON-SHINSHA,INC.
Printed in Japan　ISBN 978-4-12-004579-0 C0095

定価はカバーに表示してあります。
落丁本・乱丁本はお手数ですが小社販売部宛お送りください。
送料小社負担にてお取替えいたします。

●本書の無断複製（コピー）は著作権法上での例外を除き禁じられています。
また、代行業者等に依頼してスキャンやデジタル化を行うことは、たとえ個人や家庭内の利用を目的とする場合でも著作権法違反です。